怪奇異聞帖
地獄ねぐら

神沼三平太

竹書房
怪談
文庫

※本書は体験者および関係者に実際に取材した内容をもとに書き綴られた怪談集です。体験者の記憶と主観のもとに再現されたものであり、掲載するすべてを事実と認定するものではございません。あらかじめご了承ください。

※本書に登場する人物名は、様々な事情を考慮してすべて仮名にしてあります。また、作中に登場する体験者の記憶と体験当時の世相を鑑み、極力当時の様相を再現するよう心がけています。今日の見地においては若干耳慣れない言葉・表記が記載される場合がございますが、これらは差別・侮蔑を助長する意図に基づくものではございません。

本書の怪談記事作成に当たって、快く取材に応じていただいた方々、体験談を提供していただいた方々に感謝の意を述べるとともに、本書の作成に関わられた関係者各位の霊的無事をお祈り申し上げます。

まえがき

日々地獄にして地獄をねぐらとす

毎年、一年を通じて最も寒い時期に本を出させていただいているので、世間的には冬の怪談作家ということになっているのかもしれない。

一方で夏には百物語の共著を出させていただき、春秋にも各種アンソロジーにも寄稿しているため、まぁ要するに著者は一年を通じて怪談ばかり書いているという身も蓋もない状況なのである。

取材した内容を元にして原稿を書くのであるから、四季を通じてあちらこちらに足を延ばし、耳を欹《そばだ》てて取材を続けねばならない。大体平均して年間二百話から三百話の怪異体験談を聞かせていただくのだが、そのようにして聞き蒐《あつ》めた怪異体験は、やれこの話は百物語に、やれこの話は年末の共著に、そしてこの話は春先の単著に蔵《おさ》めてやろうと分類整理される。

つまり、年間で聞き蒐めたとびっきりのものばかりを煮詰めたものが単著シリーズとなっている。

この禍々しい単著シリーズも既に十一冊を数えることになる（既刊としては、怪シリーズ四冊、草シリーズ四冊、そして蒐シリーズが二冊）。本来は本書にも「蒐」の字を入れて、シリーズ第三弾としたかったのだが、諸般諸事情があってタイトルが転々し、結局のところ『怪奇異聞帖　地獄ねぐら』と落ち着いた。このタイトルも急拵えなものだったが、今となっては大変気に入っている。過去のシリーズと内容に大きな違いがあるわけではない。自分の身に降りかかるのを避けたい怪異ばかりを蒐めて束ねてお出ししているという方針に違いはないのだ。

さて、前巻はゆりかご、そして今巻はねぐらである。しかもただのねぐらではない。地獄が冠された何とも剣呑なねぐらである。

怪談作家の多くは、大なり小なり地獄をねぐらとしている。著者も例外ではない。東に不思議な話があると聞けば、喜々として駆けつけ、話者の知り合いが亡くなった話を仕入れ、西に恐ろしい怪異があると知れば、怨恨や呪いや祟りの始終を書きつける。何とも因業な商売である。

当然、死なば地獄行き確定であろう。

生きても地獄、死んでも地獄。

まえがき

日々地獄にして地獄をねぐらとす。

もちろん地獄が訪れるのは著者だけではない。読者もまた地獄の住人だ。

特に著者の単著シリーズを偏愛するような朋友たちも、手に手を取り合い、喜々として地獄への階段を下りていく。著者として心強いことこの上ない。

あなたも私も地獄行き。そこに逃れる術などない。

本書もまた、そんなあなたのために編まれた一冊だ。地獄をぎゅっと凝縮し、持ち運べるようにした。きっと気に入っていただけると確信している。

読むも地獄。読まぬも地獄。最後までごゆっくりお楽しみいただければ幸いである。

神沼三平太

目次

まえがき 3
玄関先 8
デザイナーズマンション 13
廃墟の地下室 21
お札の部屋 33
副葬品 49
黒汁 56
解体工事 65
贄の柱 72
訳ありの家 81

石頭の土地 89
辰巳風 104
海に還る 113
エビス 118
山神 131
カベッサ・エハンチ 142
金髪美女 153
ミツマタ 160
黒い部屋 168
新築物件 178
三周目の事故物件 193
白い着物の女 227

あとがき 250

玄関先

長田さんの担当しているお客さんの家の玄関には、大きな油絵が飾られている。

彼にはそれが非常に不気味な絵に感じられるという。

山奥の鬱蒼《うっそう》と木々が生い茂っている中ほどに、小さな赤い鳥居があり、少し離れた場所から、麦わら帽子に赤いサマードレスを着た女の子が、左耳を手で覆った状態で、その鳥居を見つめている。

そんな絵だ。


およそ七年前に、営業エリアが増えたことで御縁があり、長田さんはそのお宅に伺うようになった。

いつも対応してくれるのは四十代後半と思われる奥様だった。契約者様本人とは殆《ほとん》ど顔を合わせたことはない。仕事で家を空けているのだろう。

訪問時には玄関の中へ入り、在庫の確認や近況等を伺い、在庫が足りなければ商品を追加するし、新商品の紹介やサンプルの提供もする。

だからお客様宅の玄関の様子はよく見知っている。

当初、玄関の壁に掛けられていたのは、夕方に堤防で魚釣りをしている絵だった。長田さんは大きな号数のキャンバスに描かれたもので、鮮やかな色調が特徴的だった。明るく楽しそうな雰囲気のその絵が一目で気に入った。

「——この絵は、どなたか御家族の方が描かれたんですか？」

商談の後でそう訊ねると、対応していた奥様が笑顔を見せた。

「うちのお父さんが昔から趣味で絵をやるんです。身内のことを褒めるのもあれですが、悪くない絵ですよね。私も好きなんですよ」

そう答えてくれたのを覚えている。

だが、今から二年程前くらいに、絵が変わった。訪問フォローは月に一度は必ず伺うので、記憶違いはない。

「絵が変わりましたね」

「ええ。そうなんですよ」

「——何か不思議な絵ですね。この絵もお父様が描かれたんですか？」

そう訊ねると、奥様は答えた。

「実は、この絵は貰い物なんです——」

そんな会話をしたことを覚えている。

ただ、長田さんは、その絵を一目見て不気味だと感じた。勿論お客さんの前で口には出せない。

前の絵のほうがよほど気持ちが良かったな。

帰り道、車を運転しながらそんなことを考えた
奥様も、その絵にはそれ以上触れることはなかった。それ以上聞いてほしくはないという印象を受けたが、これは長田さん自身の先入観かもしれない。


ところがそれから数カ月程すると、訪問して玄関のチャイムを鳴らしても、奥様が出てこないときが度々重なるようになった。事前に訪問日も伝えているし、特に留守という連絡もない。だが、訪問しても対応してもらえないのだ。こうなると営業としては無駄足になってしまう。

チャイムを鳴らす。

今回も出てきてもらえなかった。仕方がないので帰ろう。

――最近本当にお留守が多いな。

すると、お隣の家の女性がそれを見ていたらしく、声を掛けてきた。

「あ。お客さんですよね。すいません。お姉さんは最近耳が聞こえないから。ちょっと待っててくださいね」

彼女はお客様宅の玄関へと向かい、それどころか家の中へとずかずか入っていく。

外で待っていると、「お姉さーん！」と呼ぶ大きな声が漏れ聞こえてくる。

お隣の女性は、奥様の実の妹さんだったらしい。

久しぶりに顔を合わせた奥様の左耳には、何やら器具が嵌まっているのが見えた。恐らく補聴器だろう。

だが、お客様の事情を詮索する訳にはいかない。


翌月には、絵が趣味だというお父様の姿も見かけた。奥様と一緒に出ていらしたのだ。

――あれ？

左耳には奥様と同じ器具が嵌まっていた。

補聴器だ。

以前から、お父様には何度かお会いしていたが、そんな器具など装着していなかった。

最後にお会いしたのは、新しい絵に変わる直前だったはず――。

何か嫌な気持ちになった。

「ただいまー!」

そのとき、元気のいい声が響いた。

玄関の引き戸が開いて入ってきたのは、今し方学校から帰ってきたと思われる小学生の息子様だ。走ってきたのか、肩で息をしている。

見ると、その左耳にも同じく器具が嵌まっていた。


長田さんは、足元が不安定になり、ぐらりと揺れた気がした。

チラリと壁の絵に目をやる。

赤い服を着た女性が、何か器具でも隠しているかのように左耳を手で覆っている。

ふと視線を戻すと、奥様も、お父様も、息子様も、三人とも、絵と同じポーズを取って、長田さんのほうをじっと見ていた。

デザイナーズマンション

織田さんが住んでいるのはデザイナーズマンションの三階である。

新築のときに彼女と一緒に入居を決めた。

元々開けた土地ではないが、お洒落な外観がとても気に入っている。内装も自分のセンスに合うものを取り揃えた。

ただ、このマンションには、妙に気になるところがあるという。


入居してから初めて迎えた夏に、あることに気が付いた。

「この部屋の玄関だけ、妙に蝉の死骸が溜まってない？」

彼女が、そう指摘した。

一階のエントランスに一番近い部屋の前だ。織田さんの部屋は三階なので、出入りするたびにその部屋の横を通ることになる。

言われて彼女の指の方向に視線を向けると、蝉が四羽ひっくり返っていた。

「確かに。つむじ風みたいに、ここに風が集まってくるのかな」

織田さんはそう答えた。

ただ、彼女の言葉が少し気になって、それからも外出するたびに、その部屋の玄関をチラリと見るようになった。

すると、いつでも蝉の死骸が転がっているのだ。

一つ二つのときが殆どだが、時にはぞっとするほどの数の蝉が転がっていることもある。

先日は、咄嗟《とっさ》につむじ風と言ってしまったが、考えてみればエントランスホールの内側に、そこまで強い風が吹くことはない。

――これは何なんだろう。

逆側の玄関には死骸はない。その部屋――１０２号室の前にだけ、やけに蝉の死骸が転がっている。

それが切っ掛けだった。


「私達がこのマンションに越してきてから二年だよね」

「そんなになるんだ」

「それでさ、この間、回覧板を置きに一階の郵便受けまで持っていったじゃない？　そこで入居者の名前を見てて気付いたんだけど、一番最初からいるのって、私達だけなんだね」

言われてみればそうかもしれない。

時々引っ越しのトラックが来ているのには気付いていた。

同じ時期に越してきた部屋の入居者はいなくなって、この部屋以外、皆入れ替わっているらしい。

ただの偶然だろう。ただの偶然と思いたい。


それから一年ほど経っただろうか。

休日、外出しようと階段を下りていくと、二階の部屋のドアが開け放たれていた。どうしたのかなと思っていると、中から箒《ほうき》とゴミ袋を持った男性が、何やら独り言を呟きながら出てきた。

どうも何か不服があって、文句を言っているような独り言だった。

織田さんは、その男性と目が合った。

「お引っ越しですか？」

男性は、織田さんのことを一瞥《いちべつ》して捲《まく》し立てた。

「片付け屋なんやけど、このマンションおかしいって！　いつも部屋ん中が砂だらけなんやけど！」

「え、砂だらけって、そんなことあります？」

織田さんがそう疑問を口にすると、片付け屋氏は、

「本当は見せたらいけんのやけど……。あんた居住者やろ。ちょっとこっち来て見てくれんか」

そう言って手招きする。

部屋の中を見て唖然とした。どこもかしこも床の方々に五センチ程も砂が積もっている。

「土っちゅうかな、砂っちゅうかな。毎回フローリングの床にこんな感じにばら撒いてから退去するって、おっかしいやろこれ！」

確かに男性が変だと訴えるのも理解できる光景だ。

片付け屋の男性は、マンションの管理会社から下請けとして派遣されているという。

つまり、毎回この人がこのマンションの引っ越し後の清掃を担当しているということだ。

「え、毎回こうなんですか？」

絶句する。

「そや。あー。言ってもええんかな。まぁええか――」

彼が清掃を依頼されてマンションに来ると、どの部屋もこの有様だという。毎回こうなっているのは、とにかく気持ちが悪い。

更に、退去者の殆どが夜逃げでいなくなるのだと。そこまで話してくれた。

「え、夜逃げってことは家財道具とか荷物は？」

そう訊ねると、片付け屋氏は無言のまま部屋のほうに視線を向けた。

カーテンはある。だが、それ以外の荷物は何もない。

まるで嫌がらせのようにフローリングに土と砂が撒かれ、層を作っている。

「引き留めて悪かったね。俺はこれからこいつを全部掃除して、それから掃除機掛けたりせなあかんで」

片付け屋氏はそう言って、織田さんを部屋から追い出した。


「砂だらけって、そんなのってあり得る？」

彼女もマンションが変だということを気にして、近隣に色々と聞き込みをしていた。

昼間にあったことを織田さんが告げると、何度もおかしいおかしいと繰り返しながらメモを取り出し、聞き込んだ話を教えてくれた。

まず、このマンションを設計した設計士が蒸発しているという。

更にその後続けて入居者四人が夜逃げ。最近では一年程前にも夜逃げしている。これは同じ３０１号室だ。

駐車場を見れば、居住者が乗っている車で、マンションの居住者の社会層が推測できる。

そもそも家賃だって安くはない。

彼女が調べた限りでは、やはり居住者は会社経営者が中心らしい。

しかし、一階でも二階でも、不思議と長く居座っている人はいないという。

「更新って二年ごとじゃない？」

彼女が確認するように訊ねた。

「こないだ更新したから、他のところも一緒だと思うよ」

「二年と二カ月で出ていくとか、普通はおかしいよね」

「それは偶然かもしれない」

彼女にはそう答えた。ただ尻の据わりが悪いのは確かだ。


「またマンション名変わるんだって」

郵便受けに入っていた告知の紙を読み上げる。

どうやらオーナーが変わったらしい。不動産管理会社も変更になる。

居住者は特に何か手続きをする必要はないと書かれているが、マンション名もその都度変わるのはどうにかしてほしいところだ。

「色々な書類とかに、マンション名を書かないって最初に決めといて良かったね」

彼女が笑う。

入居当初は、やたらと長いマンション名だったので、地番の後にそのまま部屋番号を書くようにしていた。それが今になって幸いしている。

だが、こんなに変わって他の住人は不便ではないのだろうか——？

そこまで考えた後で、当初からこのマンションにいるのは、自分達だけなのだと思い出した。


最近、織田さんはまた片付け屋氏に会ったという。

「御無沙汰しております。最近はどうですか？」

床に砂や土が撒かれているのかを確認する。

「相変わらずやな。見てって」

誘われて部屋の中に入ると、やはり床がまるで運動場のようになっている。

「——でも不思議なんは、依頼前に管理人が一度は入っとるはずなんやけど、そんときには砂も土もないらしいんだわ」

そこから数日で、大量の砂と土が持ち込まれるということはあり得るのか。

「これ、自然に湧いて出てきとるんちゃうかなって、最近は思うようになったわ。あと前に訊かれた、事故物件の部屋があるかどうかって話。このマンションには事故物件の部屋はないって言っとったで」

その質問は、彼女が気にしていたからだ。丁寧に礼を言う。

別れ際に、片付け屋氏は付け加えるように言った。

「部屋の清掃が終わるやんか。そうしたら、次の入居者が来るまでは、土砂は湧かないんだわ。それも不思議やね」


最近は三階に新しい入居者が入った。五十代の女性のようだ。

常識的な人という印象で、普段から騒いでる様子も一切ない、物静かな感じだが、一つだけ気になる点がある。

深夜でも掃除機を掛ける音がするのだ。週に何度もそれが聞こえる。

織田さんは、砂や土がいつの間にか部屋に出現しているのではないかと想像する。深夜に気付いた彼女が、掃除機でそれを吸い取っているのではないか——。

彼はその女性に、話すべきか黙っておくべきか悩んでいる。

廃墟の地下室

「古い話ですよ。俺がまだ大学に行ってて、地元でやんちゃしてた頃のことですから」

歳を聞けば、もう五十代半ばですよと笑うバーのマスターが、不意に真顔になった。

「ヤバいことが幾つか続いて、実際俺、地元に帰れなかったっスから」

その話を聞かせてくれとねだると、彼は何度か「時効ですからね」と繰り返し、彼の地元にあった廃墟に忍び込んで以来、色々と身に降りかかった話を教えてくれた。


その廃墟は、マスターこと陽吉氏が子供の頃からお化け屋敷として近隣に知られていたらしい。ただ二十一世紀に入る前に取り壊されてしまったため、今では現存していない。

「俺と俺の仲間達も、結構近所の心霊スポットには遠出してまで行ってたんですよ。バイクに乗って、行動範囲がグンと広がったんですけど、そんなに走ってばかりいられないじゃないですか。ガソリン代もあるし。で、結局何処かでダベるか、肝試しですよね。当時は心霊スポットじゃなくて、ミステリースポットとか、単に幽霊屋敷とか言ってましたけど――」

彼らも例に漏れず、仲間達で集まって廃屋や廃ホテルなどに忍び込むのはしょっちゅうだった。いつも一緒になって足を運ぶのは、賢介、大樹、雄也、そして陽吉の四人だ。

その廃墟も彼らの良い肝試しスポットとなっていた。

だが、何度も通ううちに勝手が分かるようになり、興味も薄れていく。要は飽きてしまうのだ。短い間に何度も行けば、またあそこに行くのかよという意見も出る。

しかし、あるときから、その廃墟についての新たな噂が流れ始めた。それは、廃墟の一角から地下室に入ることができるという噂だった。

何度も探索に行ったスポットだが、今までにそんな入り口を見かけたことはない。他の知り合いにも話を振ってはみたものの、地下室への入り口を見つけられたものはいないようだった。

そうなると、身近なグループの何処が最初の発見者になるのかという話になってくる。

今から考えれば馬鹿な話だと思うが、当時は真剣だった。


「明るくないと見つけるの無理だろ」

ある日、賢介というといつもツルんでいるやんちゃ仲間が気付いたように口にした。

例の廃墟のことだ。もう深夜には何度も忍び込んで、それらしい場所は探し尽くしている。ここから先は、崩れた家具の下なども探す必要がある。

「なら明るいうちに行くべぇよ」

大樹が答えた。

それからはできるだけ明け方に行き、朝の光の中で地下室を探すようになった。本来なら、肝試しだったはずが、もはや地下室探しがメインになっている。本末転倒もいいところだ。

しかし、どうやら他のグループも同様のことを始めたらしく、行くたびに家具の配置が変わっている。

捜索は難航した。

だが、ゴールデンウィークが明ける頃に、地下への階段が発見された。

押し入れの奥の壁が、丸ごと扉になっており、それが厳重に打ち付けられていたので分からなかったのだ。発見したのは大樹と賢介だ。

二人は慎重に釘を抜いていき、扉ごと外した。ぽっかりと黒く開いた穴から、床下へと続く階段が伸びている。

「懐中電灯持ってこいよ。誰か持ってんだろ」

大樹が言った。陽吉がポケットからミニサイズの懐中電灯を取り出す。

「いや、マジであるもんだな」

幅の狭い階段を下りながら雄也が興奮したような声を上げた。

ひんやりとした空気が流れてくる。雨などで水没が起きていなければ、地下室を探検することもできるだろう。

だが、何のための地下室なのだろう。

陽吉の心にそんな疑問がよぎった。そもそも、誰が地下室があるなんて聞いてきたんだっけ――。

石造りの狭い階段が二回折れて、地下室が姿を現した。

「何だよ、これ」

賢介の言葉を受けて覗き込むと、階段よりも地下室のほうが明るかった。天井の高さは二メートル近くある。広さは六畳ほどだ。片方の壁の上に隙間があり、そこから光が入って室内をぼんやりと照らしている。

照らされたうちの半分は、金属製の格子が入っており、その内側は古びた畳が敷かれている。どう見ても牢屋だ。そしてもう半分には井戸のような筒が出ており、その周囲は浅めの小さなプールのように水が溜まっていた。

「座敷牢――だよな?」

階段から牢までまっすぐ辿り着くことができる。しかし、誰も階段から地下室まで降りようとはしなかった。

「あっちは井戸と、何だ。水浴びでもするための場所なんかな」

背後から背中越しに雄也の声がした。

「ちょっといいか」

「おいおい、無理すんなよ」

雄也が後ろから地下室に入ろうと押してくるので、残り三人も地下室内に足を踏み入れることになった。

「そこの井戸って、ここの牢屋の人は使えないよね」

「そうだな」

「水ってことは、ここで身体とか洗ってたのかな。確かにここ風呂っぽいよね」

そうなのかもしれない。

水深を確認しようとしても、光の関係で溜まった水が真っ黒に見える。妙に粘度が高そうだ。

そこに雄也がスタスタと近寄っていく。

「おい、何やってんだよ。変なことすんなよ、おい！」

そう背後で叫んだのは賢介だろうか。

三人が見守る中で、雄也はボーッとした表情のまま、水に足を突っ込んだ。

パシャパシャ、と水を踏む音が聞こえた後で、彼は膝、腰、胸と、どんどん深く沈んでいく。まるで階段を下りているようだ。

確かにそういうパントマイム芸はある。

見守っていた三人も、流石に声を掛ける。溜まっていた水が綺麗な訳がないだろう。水温だって低いはずだ。

「早く上がれよ!」

だが、胸から首まで浸かった雄也は、水の中に頭を潜らせた。

「え、消えちゃった?」

「おい、何だ今の!」

大樹が今し方仲間の消えた水面に懐中電灯を向けた。

足首程までの水深で、その下は丸石が敷き詰められている。階段など存在していない。

「消えちゃった——あいつ消えちまったぞ!」

地下室から駆け上がり、駐めてあったバイクの横に集合する。今し方、自分達が見たものが何だったのかを整理するために話し始めた。

「今消えたの、大樹だったよな」

「大樹じゃないだろ、大樹はここにいるだろ。雄也だよ」

「雄也？　俺は陽吉だと思ってたんだよ」

「賢介のこと、どうすんだよ」

——あれ。

見回すと四人いる。そうなると、今し方消えたのは誰だったのか。

「俺の後ろから一人降りてきてさ、俺は陽吉だと思ってたんだけど——」

「いや、全員無事ならいいじゃねえか。俺達は空気の悪い地下室で、変な幻覚でも見たんだろ」

大樹が言った。

これ以上触れず、そうして忘れてしまったほうがいい、という意思が読み取れた。

そこで朝からやっているファストフードに寄って帰ることにした。

「あのさ、一つだけ確かめたいんだけど」

陽吉は、一体誰が最初にあの家に地下室があると言い出したのかを確認したいのだと三人に伝えた。犯人探しをするつもりではない。地下室探しは十分楽しませてもらったし、実際に地下室があったのだから、元々一部では知られていた話なのだろう。

ただ、その話を聞いてきたのが誰なのかは、ずっと疑問に思っていたのだ。

そう話を振ると、最初に地下室のことを言い出したのは、賢介だということが明らかになった。

「そんでお前、どっからそんな話聞いてきたんだよ。別に怒んないからさぁ、誰から聞いたか言ってみ」

大樹がそう訊ねると、賢介が頭を抱えた。

「ああ、あいつそうだったんだ！」

「賢介どうした」

「あいつだ。あいつがここの廃墟に地下室があるって言い出したんだって！」

「あいつって、誰だよ」

「全然分かんねぇ！」

賢介は支離滅裂なことを叫び始めた。店の他の客から注目を浴びるので、駐車場まで移動する。そこで話の続きを聞くと、どうも先ほどの地下室で、水の中に消えたのがその情報を教えてくれた人物だというのだ。

「大樹に似てたけど、確かに違ってた。俺は大樹って言ったけど、今思い返すと、大樹は俺の横にいたんだよ。だから、あれは別人だ。あいつから聞いたんだ」

そういえば、雄也が自分の後ろに立っていたが、雄也に聞くと、自分よりも後ろから、割り込んできた奴がいた。しかし、彼自身は自分達の仲間だと思い込んでいたと証言した。

「誰か、後ろから入ってきたんだな」

大樹が言った。

「もう行くのやめとこうぜ。何か良くない気がする」

その言葉に、残りの三人も頷《うなず》いた。


「それから、その友達が三人ともおかしくなっちゃいましてね」

どうも夜といわず昼といわず、黒い人影に付き纏われるようになったらしい。

最初は賢介だった。

夏頃から次第に色々なものに怯えるようになった。理由を訊ねても何も言わない。

彼は途中から耳が聞こえなくなってしまい、会話が困難になった。

お盆休みに彼は失踪してしまったが、その最後の晩に、大樹を呼び出している。

彼は酷く衰弱していたが、大樹を見て言った。

「俺とお前で、あの部屋の扉を開いただろ、何かめちゃめちゃ恨んでる奴が、俺達のこと追いかけてきてる。お前も気を付けたほうがいい。俺はもうダメだから先に行くけど、お前は上手くやってくれよ」

そして彼は姿を消した。

バイクはあの廃墟に向かう街道の途中に放置されていたというが、そこからの足取りは全く掴めなかった。

大樹は賢介の言葉を受けてか、次第に何かを恐れるようになった。

ある秋の夜に、雄也のところへとやってきて、匿《かくま》ってくれと言ってきた。

何があったのかを訊くと。バイクで人を轢《ひ》いたが、犠牲者は路上にいなかったと繰り返した。

タールみたいに黒い液体がバイクの前面に付着しているので、何かを轢いたのは確からしかった。その黒い液体は酷い臭いがして、洗剤を使ってもなかなか取れなかった。

その後、彼はノイローゼのようになって、病院に入った。出てきたという話は聞いていない。

最後が雄也だった。

雄也はある日突然、大樹が家に訪ねて来てから、家の中で度々大樹によく似た風貌の若い男性を目撃するようになった。ただ、大樹とは明らかに別人だ。

その男性は、雄也の背後に近付いてきては、何度も同じ言葉を繰り返す。

「お前らさぁ。何で最近来ないんだよ。あんだけ俺のことを探し回ってたのに、もう忘れちまったのか？　何でだよ。何で俺のこと忘れてるんだよ――」

雄也が、どう答えていいか分からずに戸惑ったままでいると、男は続ける。

「他の奴らも、お前らのせいで○○○○○だから――」

その言葉が恐ろしすぎて、いつも思い出せないのだと、雄也は繰り返した。


雄也の次は自分だ。

陽吉はそう直感した。折しも高校を卒業してから、進学するか就職するかを決める時期だった。

とにかく別の街に逃げないとと考えて、彼は東京の調理師専門学校に進学することに決めた。

東京である理由は特になかった。ただ、狭い町にいて命を狙われるよりは、人が多い都会に出たほうが安全なような気がしたからだ。

「それで、流れ流れてこの街ですよ」

彼はそれ以来、故郷に戻っていないという。両親はまだ健在だが、そろそろ老後にどうするかという話や、家をどうするか、墓をどうするかという話も出てきている。

きっと戻らないといけない。

戻ったときに、本当に時効になっているのか、自分には分からない——。

「本当に時効になってないかなって、いつも思うんですよね。あと、雄也は今もあの町にいて、誰とも会わないようにして暮らしてるらしいんです。こないだ電話したときに、両親から教えてもらったんですけど、何で来ねえんだよって、夜中に大声上げてるって話ですよ」

——時効だといいんですけどね。

彼はそう何度も繰り返した。

お札の部屋

「今でもあいつが何で死んだのか知りたいんですよね。本当にお札のせいなら、その家に何か理由になることがあったんじゃないかって思っているんですよ――」

藤也君は、そう前置きして、同じゼミの友人である裕二が亡くなった際の顛末を教えてくれた。


裕二は、大学生二年の夏に田舎へ帰省した。

彼の専攻は藤也君と同じ民俗学だった。彼は夏休みの旅行ついでに、自分の母方の田舎に残る祭りなどの習俗を調べようとしていた。

「おお、ゆーじ。○○○○○な」

どうやら歓迎してくれているのは分かるが、方言と歯が殆どないせいでモニョモニョとしか聞こえない。満面の笑みで、お久しぶりです！　と返す。

何日かいれば、耳が慣れて喋っている内容も理解できるようになるが、それまでは聞き取れないし、日本語としても理解できない。それは昔からのことで、人間の脳は不思議なものだなと、いつも感じていた。

特に祖父の言葉は、歯がないことに加え、地元の人でも聞き取れないほど訛りがキツいので、祖母が通訳に入ることすらある。


祖父母が用意してくれた部屋は、家の西側にある六畳間だった。朝昼と涼しい風が入るからということらしい。夕方は西日が厳しいが、真新しいよしずが窓の外に立てかけられていた。それで室温が上がるのを少しは防ぐことができるということだろう。

クーラーもあるにはあるが、全ての部屋に付いている訳ではなかった。

あるのは祖父母の寝室と居間くらいだ。しかも祖父母は夜にクーラーを点ける習慣はないらしい。

全室に付ける余裕がないというよりは、人が訪れることなど滅多にないので、必要ないということなのだろう。それならば納得ができる話だ。

だが、実際に訪れてみると、高地で涼しいのではないかという期待は裏切られた。実のところ、昼間は日差しが強くてかなり暑かった。木陰なら快適だが、直射日光は下界よりも厳しい。紫外線で肌が焼ける。

なので、西日で焼けた部屋は、相当暑いだろう。そう覚悟はしていた。

だが、通された部屋は何故か涼しかった。

布団を敷いてもらい、小さな机にノートパソコンを載せ、明日から回るべきところをチェックしていく。

その背後から、声を掛けられた。

「ゆーじ、〇〇〇〇〇〇〇？」

振り返ると、祖父が顔を出して、何か言っていた。

多分暑くないかどうかを気遣ってくれているのだろう。そう解釈して、「大丈夫だよ！」と答えた。

テレビで慣れているのだろう。こちらが話す言葉は理解してもらえる。これが海外での調査だとそうはいかない。ゼミの指導教授は年に何度も海外で調査を行っている。それだけでも尊敬する。

明日からのフィールド調査に当たり、訛りが分からなくて聞き漏らすのは困るので、念の為にＩＣレコーダーも持ってきている。手持ちのスマートフォンだけでは、いざという時にバッテリー切れになることもある。だから長時間使える専用の道具は助かる。

作業が一段落して、敷いてもらった布団に横になり、機材の説明書に目を通す。

不思議と身体がスースーと冷えて快適だ。すぐに眠くなってしまった。

翌日からのフィールドワークでも、事前に祖父母が集落の人たちに話を通してくれていたのか皆協力的で、成果も上がった。

ただ、不思議なこともあった。

「あんた柳原さんちの孫か。そっかぁ。大変だなぁ」

何やら同情するような言い回しをされたことが数度あったのだ。

一体何が大変なのだろう。

祖父宅に戻り、何かこの家に同情されるような、大変なことでもあるのかと訊くと、祖父は黙って首を傾げた。祖母は少し考えた後で、笑い話でもするような笑顔を見せた。

「この家、お化け屋敷みたいって言われてるから、子供が肝試しに来て困ってるのよ。それじゃないかしら――」

確かにこの家は、入り口から本宅までが木々の間を抜けていくような状態で、家の周りも鬱蒼とした木々に覆われている。ただ、これは強い風に煽られないので、家が台風などの風害に遭わないというメリットもある。

――肝試しに来る子供のせいか。

何となく納得した。

明日も調査だ。裕二は布団に潜り込んだ。

昨夜もそうだったが、エアコンもないのに、スースーと涼しい風が通っていく。それも不思議なのは、布団の下から冷たい空気が来ているような気がするのだ。

一度気になると、そのことばかり意識してしまう。

荷物にいつも入れている十徳ナイフを取り出し、コルク抜きを引っ張り上げる。

布団を退《ど》かし、自分の寝ていた箇所の畳を確認する。畳の表面に特におかしなことはないようだ。

裕二は、その畳の隅にコルク抜きの先端を突き刺した。そのままくるくると捻っていくと、螺旋《らせん》を描いている部分がするすると畳に入っていく。こうすれば簡単に畳を上げることができるのだ。畳を戻した後も、コルク抜きを注意深く捻って抜き、畳表を整えるだけで、元通りだ。

——役に立つものなんだなぁ。

裕二は感心した。これもゼミの先生に教えてもらった技術なのだ。

畳の下に何か涼しくなる細工でもしてあるのかと思ったが、そこには板張りの床があるばかりで、特に何もない。

何だ。特に変わったことはないのかと、畳を戻そうとして固まった。

持ち上げていた畳の裏には、和紙に墨で書かれたお札がびっしりと隙間なく貼られていたからだ。

いやいやいや、何だこれ。何なんだよこれ。

驚きながらも、畳を元に戻す。

裕二はお札の貼られた畳とは別の場所に布団を敷き直した。

——やっぱり涼しいよな。

怖いというか気持ちが悪い。そうは思うが、寝ない訳にもいかない。

ちょっと確認しておくか——。

明日起きたら祖父母に気付かれないように、部屋の畳を全部確認しようと考えた。祖母は子供の肝試しが迷惑で、集落の人たちが同情してくれているのではないかと言っていたが、もしかしたら、このお札が貼られた畳は、何か土着の習俗か何かが関連しているのではないだろうか。

彼はそんなことを思ったのだった。


部屋の畳を上げようにも、祖父母に勘づかれるのは避けたかった。

たまたま彼らが市場に買い物に行くというので、その隙に一気に済ませる。

元通りにできるようにと、畳には番号を付けた付箋を貼って、手早く次々に持ち上げていく。

案の定、六枚の畳全ての裏に、隙間なくお札が貼られていた。

同じ種類のものもあるが、宗派が異なる複数のお札に思えた。

無線ＬＡＮどころか、インターネットも引いていない祖父母の家では、ネットの接続もままならない。そうなると、本格的な調査は自宅に戻ってからになる。

裕二はデジカメでそれらを撮影し、更にスマートフォンのカメラでも画像を残した。

もしかしたら、今後の調査の参考になるだろう――そう考えて、六枚の畳の裏から剥がせそうなお札を五枚剥がして、持ち帰ることにした。

すぐに畳を戻そうかとも思ったが、床板の一部に切れ込みが入っている。

収納だろうか。

――味噌とか、使わない食器とか入ってんのかな。

そういえば、畳のサイズが違うので考えていなかったが、もしかしたら掘り炬燵《ごたつ》なのかもしれない。

興味を持って板をずらしてみると、どうも何かが収められている。

像――のように見える。だが妙にシルエットが丸い。言うなれば木彫りの仏像のようなものが収められていた。

何体あるのだろうと考えながら板をずらしていると、外から祖父の運転する軽トラの音が聞こえてきた。

せめて写真の一枚くらいは残そうと、スマートフォンで撮影し、慌てて板を戻す。

畳を二枚戻したところで、昼食を買ってきたと祖母に呼ばれた。裕二は聞き取り調査の前に、畳を全て戻すことを諦めた。

特に何も言わなければ、祖父母が部屋に入ることもないだろう。

空気が冷えていない。

その日の調査を終えて部屋に戻ってくると、上げた畳はそのままの状態だった。そして照りつける西日にやられたのか、部屋に熱が篭もっていた。

やはり昨晩までとは違う。だが寝苦しいのは覚悟の上だ。

お札を剥がしたことが原因なのか、それとも他の要因があるのか、その晩から、裕二は枕元に何者かが座って自分を見下ろす夢を見るようになった。

座るのは一人。恐らく男性。年齢はそう若くないように思えた。

——この部屋の畳は、何年くらい前から替えていないのだろう。

自分が子供の頃から、この部屋は変わっていないように思う。

真新しい畳の匂いは、ついぞ嗅いだこともない。

普段は使っていないのだろうが、その間は雨戸を閉め切っているとして、畳というのはどの程度持つのだろう。

五十年？　それとも百年は持つのか？

この家自体は戦前からのものだ。そうなると、あの仏像のようなものも、お札も全て戦前からのものということか。祖父母の代よりも、更に古いものである可能性すらある。

そういえば、母はこのことを知っているのだろうか――？


「そんなこんなで裕二が調査を終えて、自分のアパートに戻ってきたのは、それから一週間ほど経ってからでした」

藤也君は当時を回想して、そう言った。

そして帰宅した裕二が、最初に自分の経験を話すためにアパートに呼んだのが、藤也君だった。

「あいつ、ちょっとおかしくなっていたというか、寝不足が続いていたのかもしれないですね。目の下は紫色に隈ができちゃってるし、ちょくちょく変な発言をするんですよ」

続けて、藤也君はその当時の裕二の様子を教えてくれた。

彼は、自分の枕元に座る人影に悩んでいたという。


「――あいつらさ、自分達だけ不公平だ。お前も死ねって言ってくるんだぜ」

「あいつらって誰だ」

「今、八人に増えてるんだよ。あいつらの言ってることも、ICレコーダーに録音してあるから、そのうち祖父さんに確認してもらおうと思ってるんだ」

話している内容については、彼自身では合点がいっているようだが、他人には前提が不明なので話が噛み合わない。まるで酔っ払いの繰り言のようだ。

そこで詳しく事情を話せと詰め寄ると、裕二は田舎に滞在している間に起きたことを語ってくれたのだった。

「まだその悪夢が続いているんだよ。田舎から亡霊が付いてきたんだ」

大学近くに借りたアパートに、亡霊がいるのだと裕二は繰り返した。自分にとって快適な場所だったのが、今はまるで居候のようで居心地が悪いと彼は訴えた。

最初は枕元に一人座っているだけだったのに、いつしか三人になり、五人になり、今では八人になっているという。

それも全員が死に装束を纏っている。

話自体も正気ではない。裕二は調査中に、何かの切っ掛けで妄想に取り憑かれてしまったのだろう。そう藤也君は考えたという。


「意味分かんねーよ。お札を剥がしたくらいでこんな目に遭うなんてさぁ」

裕二は憤っていた。田舎から帰ってきてからは、夜に魘《うな》されるだけではなく、死に装束の影に掴まれたり引っ掻かれたりもしたのだと主張した。

その痕だと言って、腕や足を見せてくれるのだが、藤也君には全く分からなかった。

ただ、足首に手の跡が付いているのは辛うじて見てとれた。

しかし、足首を握るくらい、自分でもできるだろう。

「藤也、今夜泊めてくれないか」

話をしているうちに不安になったのか、彼は縋《すが》るように頼み込んできた。

泊めるのはいいが、大丈夫なのだろうか。

少しでも不安なく眠れるならという親切心で何日か泊めたが、裕二は寝るたびに魘されて、奇妙な寝言を言った。

「ゆーじ、○○○○○！　○○○○○○○！」

何か言っているのは分かるが、方言がキツいので聞き取れない。

家の人に相談するようにも勧めたが、心ここにあらずといった調子で、裕二はうん、うんと頷くだけだった。

「お前そういえば、お札とか、ICレコーダーとか、それこそスマホの写真とか、どうなってんだよ」

「あるよ。スマホは部屋にあるけど、ICレコーダーは今も手元にある」

見れば、彼の手元のスマートフォンは、いつの間にか最新型のものになっている。

「スマホ、機種変したのか」

「あいつらが、スマホを持ち出さないかどうか見張ってんだ。だから新しく契約し直したんだ。電話番号とメアドは後で知らせるよ」

その日は、ゼミ部屋に六人の同級生が集まることになっていた。裕二を心配した藤也君が集合を掛けたのだ。

集まった全員の前で、ICレコーダーに録音された音を聞いてもらうことになった。

レコーダーに録音された内容を流すと、殆どはインタビューをしている音声だった。方言がキツいので、何処の地域かも分からない。

だが、最後のファイルだけは、雨音のようなものが収録されていた。特に会話しているような声は聞こえない。

だが、その場にいる一人の女学生だけは、声が聞こえると表情を固くした。

「お前も死ねって言ってるよね。これ、あまり良くない録音ファイルなんじゃないの？」

レコーダーに何が録音されているかは、事前に伝えていない。

裕二は、ほら見ろ、聞こえるだろと、鬼の首でも取ったかのような発言をした。

「これ、何なんだよ」

ゼミ生から説明を求められ、裕二が田舎で起きたことを話した。すると、先ほどの女学生の顔が青褪めた。

「裕二君、そのお札持って、すぐにお祓い行ったほうが良いよ。勝手に持ってきちゃったんだったら、お祖父さんにも言わないと。酷い目に遭ってからじゃ遅いんだよ！」

「勝手に持ってきちゃったし、そういうので怒られるの嫌なんだよ。来年また行って返せば大丈夫だって。俺、卒論はこれでいくって決めてるからさ」

「でもお祓いには行ったほうが良くないか？　現にお前、本当に体調悪そうだし。何なら病院にも行くべきだと思うぞ」

皆で説得し、週末に待ち合わせてお祓いを受けに行こうと約束した。だが裕二はその日、待ち合わせの駅に現れなかった。

彼のアパートに向かうと、鍵が掛かっていた。これ以上は手の出しようがない。

「あの馬鹿、お祓いとかしたくないって言ってたからな」

ゼミ生の一人が言った。何度電話を掛けても、裕二は取らなかった。

それから数週間して、裕二が部屋で首を吊っているのが見つかった。まだ残暑が厳しい折で、腐敗臭が漏れているという近隣からの苦情で発覚したという。

裕二の遺体は、畳の上で腐り果てていたそうだ。その手には数枚のお札が握られていたらしい。これは後日、裕二の母親から藤也君が聞いた話である。


裕二が連れていかれた――。

そんな話も一年経てば風化していく。

だが彼とゼミで一番親しかった藤也君は、都内にある裕二君の実家に一度足を運んでいる。

お母さんは、そんなことがあったのなら、すぐに相談してくれれば良かったのにと、涙を拭った。

話を聞くと、孫の不幸を聞いて、田舎の祖父はショックでボケてしまったらしい。

お札の話は、お母さんにも記憶がなかったし、すぐに実際に言われた部屋の畳を上げるように祖父に頼んでみたが、お札の貼ってある畳などなかったと報告を受けたそうだ。

「それでは、実際にお母さんが確認した訳ではないんですね」

藤也君はそう確かめた。

すると、ボケてしまったお祖父さんが、他人を嫌って誰も敷地に入れないようにしているので、今は確認できないのだと告げられた。

裕二のお母さんさえ近付けないのだという。


「俺は、お札の貼ってあった部屋は確かにあったんだと思うんですよ」

裕二の田舎の家がある場所は教えてもらっている。いつでも行くことができる。

何なら、民俗学の研究の一環として調査をしたっていい。

「お爺さんが亡くなったら、一度調査に入れるように訊いてみるつもりなんです」

人の死を待っているという内容を、楽しそうに言う藤也君も、まるで正気ではなかった。

「そうそう。音声ファイル、見つけたらお送りしますよ」

彼は、裕二を泊めたときにレコーダーに残った音声ファイルをコピーさせてもらったのだという。例の雨垂れのような音が入っているだけのファイルだ。

音声は、何人かに聴いてもらったが、やはり数人の耳には、恨み言を言っている声が聞こえるとの報告を受けているらしい。

だがある日、話を聞きつけた指導教授に、皆が怖がっているからやめなさいと、注意を受けた。

残念ながら、そのデータはそれ以来、暫《しばら》く放ってあるという。

スマートフォンに保存しておいたので、データは何処かのクラウドに保存されているはずだ。

しかし、何故か検索に引っ掛かってこないので、探し出せないでいるとのことだった。

副葬品

もう七十代後半にもなる檜原さんは、若い頃に日本全国を渡り歩き、様々な工事現場に携わったという。もう歳も歳で引退しているのだが、彼の建築事務所はヤクザや暴力団の地下施設の施工に関しては知る人ぞ知る存在で、その筋の人からも先生と呼ばれている。

そもそも当時は地下室の工事を担当できる事務所が少なかったということもある。更に言えば、彼は黒寄りのグレーな仕事でも、興が乗りさえすれば引き受けたからだ。

「何処だったかな。確か西のほうだったけどね。近畿だったか九州だったたか。地下に射撃場を作れって無茶な話があってな。まぁ払いも良いっていうから引き受けたんだよ」

変なことが起きた現場はあるかという質問に、檜原さんは色々と濁しながら教えてくれた。恐らく濁さないと彼自身が危険な状態になるのだろう。

「遺跡が出る場所ってのは、本当に厄介でね」

遺跡が出ると工事が止まるという話は、過去に何度か聞いたことがある。新築の家で基礎工事の最中に遺跡が出てしまい、結局五年以上も工事が止まったという話も身近で聞いている。

そして、遺跡にまつわる怪談には、厄介なものが多いのだ。

檜原さんが引き受けたのは、組事務所の地下に射撃場を作れというオーダーだった。重要なのは消音性だという。通常の地下一階ではなく、更に半階分掘り下げて、壁には防音壁を巡らす。

「まぁ、面白そうだからって引き受けちまったんだよ。で、途中までは良かったんだよ。途中まではよ」

工事が始まってすぐ、クライアントから一部の設計を変更してほしいという希望が入った。話を聞くと、北側の壁は土を剥き出しにしたままにしてくれという。そのほうが防音的に良いだろうという理屈だった。

檜原さんが何を訊いても、それで頼むと繰り返すばかりだったから、何かこちらには言えないような理由もあったのだろう。

「死体ですか？」

「馬鹿。死体なんて裸に剥いてぶつ切りにして山の中に放っておけば、動物とか虫とかに食われてすぐ消えんだろ。だからそのときには、俺にも何やりたかったのかは、正確にはよく分かってなかったんだよ」

ヤクザ者の気まぐれで設計が変わるなんてことは、過去に幾らでもあった。

ただ、少しきな臭いものを感じた檜原さんは、変更は引き受けるが、設計上の理由以外で何かが起きても、こちらは責任を取らないと告げた。念書も書かせ、ようやっと工事を再開することにした。

きな臭いものとは、敷地のすぐ北側に、古墳のような土の盛り上がりがあるのだ。そちら側は塞いでおこうと思っていたが、あろうことか、変更箇所は、北側を土剥き出しにしろというものなのだ。

無法者がどうなろうが知ったことではないが、自分の身に危険が及ぶのは避けたい。特に遺跡絡みのトラブルは、命の危険まである。過去に工事に参加した工員が副葬品をちょろまかし、その数日後にドロドロに腐った状態で発見された現場を体験したことで、もう懲りている。

遺跡の副葬品狙いか——？

消音のためだというもっともらしい理屈を付けてはいるが、恐らく何か別の理由があるのだろう。ただ、そんなことは知ったことではない。

工事が終わって暫く経った。

檜原さんは別の地域で仕事をしていた。その最中に電話が入った。相手は射撃場の施主を紹介してくれた馴染みの親分さんだった。彼は檜原さんの世話役でもあり、グレーな仕事を仲介してくれている。

「檜原先生、今いいかい」

「ああ、何だい。今は急ぎの仕事があっても難しいよ。一年半から先まで予定が埋まっちまってる」

また厄介な仕事を押し付けられるのではないかと警戒しながら、そう返事をした。牽制だ。

「いや、それじゃないんだ。先生、先日ほら、地下の射撃場の案件があったじゃないですか」

「ああ、何か三方壁で、もう一方は土にしとけっていう変な奴な」

その仕事については、既に報告している。

「それですそれです。で、先生、あの後の顛末の話、そちらに行ってますかね」

話は聞いていない。そもそもアフターケアが必要な仕事は引き受けていないので、もうあちらとの縁は切れているはずだ。

そう答えると、電話向こうで何処か困っているような気配が伝わってきた。

「何だい、何かあったのかい」

「あの、先生、まことに言いづらいんですが、呪いって本当にあるんですかね――」

どうも説明を聞く限りでは、人死にが出たらしい。


案の定、連中は地下射撃場の壁を北に掘り進めたのだという。古墳の副葬品狙いだろう。大っぴらに掘り返すのは憚《はばか》られるが、地下からなら見咎《とが》められまいということに違いない。

そして思惑通り副葬品が出た。

連中もそこでやめておけば良かったのだろう。しかし、幹部の一人が調子に乗って掘り進めるように指示を出した。

一晩掘った翌朝、その幹部が地下に降りていくと、そこは血の海だった。

どうやら、古墳に向けて穴を掘るようにと指示しておいた若い者は、何処かでおかしくなってしまったらしい。

射撃場のロッカーに置かれていた銃で、自分の腹に何発も撃ち込んで死んでいた。

更に腹の傷からは、飲み込んだと見られる勾玉《まがたま》が幾つもはみ出していた。

「――先生、こういうのってどうすりゃいいんですかね。あっちからは、先生なら何か対処方法が分かるんじゃないかって、何度も問い合わせが来てましてね」

「知るか馬鹿」

こちらの知ったことではない。

暫くは悪いことが続くのではないかと推測はできるが、だからと言って、こちらが仏心を出して関わったが最後、どんなことにでも縋ってきて、無理難題を言い始めるのは火を見るより明らかだ。

それよりも、今回のことはお前らの工事のせいだなどと、こちらに矛先が向くことだってあり得る。

念書を取っておいて正解だった。

「知らねえよ。そいつらは正直に事情を話したりはしなかったからな。助けてやる義理もないだろ」

結果、その組事務所とはそれっきりだという。今も存続しているかどうかは定かではない。

「まぁ、所詮は若い頃の話さ。俺がちょっとばかり悪戯心を出して、壁にサービスで翡翠《ひすい》の勾玉を埋めさせといたんだけどな」

檜原さんは最後にとんでもないことを言い出した。

こちらが真顔になっていると、彼はゲラゲラと笑い始めた。

「冗談だよ。冗談。引退したジジイの戯言《ざれごと》、真に受けんじゃねえぞ――！」

黒汁

「まぁ、最初から手癖が悪い奴だということは分かっていたんだよ」

檜原さんの射撃場の話を聞いた後で、続けて彼が懲りたという、若い頃の話を聞かせてもらった。

彼は、若い頃から黒寄りのグレーな仕事も請け負うような建築事務所を運営している。歳はもう八十近いが矍鑠《かくしゃく》としており、今も現場で指揮を執ることすらあるらしい。

この話は、彼が〈そこそこ近いところ〉と言っていたのだから、きっと場所は関東の何処かだろう。若い頃というのだから、半世紀近く前の話と思われる。

ただ、確認しようとすると、ニヤニヤ笑うだけなのだから性格が悪い。


彼が当時関わっていた土地に、古墳があることが判明した。作業員が、副葬品らしきものを発見してしまったのだ。硬玉でできた勾玉である。

事務所で仕事を片付けていた檜原さんも、急に現場に呼び出された。

現場監督一人の判断を超える案件ということだ。

遺跡や遺構、つまり遺物は不動産を取り扱う誰にとっても悩みの種だ。正確には埋蔵文化財包蔵地と呼ぶのだが、例えば新築でマンションを建てようとしているときに、遺物が出てしまったとしよう。そうなると国や自治体に対して届け出をする必要があるのだ。場合によっては発掘調査が入ることだってある。その結果、多くの場合、建築計画の変更を余儀なくされる。

今回もそうなる可能性が高い。

だが、もしも、誰も遺物の存在に気が付かなかったとしたら——? それはもう遺物自体が存在しなかったことになる。

これは悪いことだ。それは檜原さんにも分かっている。悪いことではあるが、クライアントにとってどちらが良いかといえば、そこの判断は難しい。

困ったように眉毛を八の字にした現場監督は、檜原さんよりも大分年上だ。何年も一緒に仕事をしているが、仕事ぶりは真面目で実直、そして自分の倫理観よりも、上から言われた仕事を優先するという精神構造の持ち主だ。

その当時の檜原さんの懐刀の一人である。

「あー、寒いなこっちは」

春先ではあるが、事務所のある都内よりも気温が明らかに低い。そして掘り起こしている剥き出しの土地を風が吹き抜けていく。

「で、クライアントには、まだ遺跡のことは報告してないよな」

「ええ」

「じゃ、いつも通りでいいんじゃないか」

どうも地権者は元々この土地に古墳があることを知っていた訳ではないようだ。そうなると交通事故のようなものといえる。

恐らく学問的に見たら貴重なものなのだろうが、掘っている自分達にとっては、生活のほうがよほど大事だ。どうせ工期は延びないだろう。

正直に切り出せば、クライアントも困った顔をするはずだ。工事に手を付けたまま何年も塩漬けにしておく訳にもいかないと泣きついてくるに違いない。

「――もう遺物自体はとっくの昔に盗掘されていたんじゃないですかね。でなければもっと色々出てくるでしょう」

歳上の現場監督が唆《そそのか》すように言った。

「まぁ、それなら作業続行だな。何か出てきたら、作業員の相談は受けてやってくれ」

監督にはそう告げて檜原さんは事務所に戻った。

「勾玉が三つ出たはずなんですが、そのうちの一つが見つからないんですよ」

現場監督が事務所に来て困った顔をした。もっとも、この現場監督はいつでも困ったような顔をしているのだが。

「で、誰が持っていったか、目処は立ってるのか？」

「ええ。山下って野郎だと思います。あいつ、あの日帰ってから現場に出てきてないんですよ」

現場から盗み出した勾玉など、横流しをするにしても、すぐに足が付く。

換金目的でないとすると、本人がただ欲しかったからだろう。

「厄介だな」

そのとき、檜原さんは師匠から、古墳関係には注意しろと言われたことがあったのを思い出していた。

何故か、副葬品のようなものには全く興味がなかったはずなのに、ついつい欲しくなって、衝動的に手を出してしまうことがあるらしいのだ。

いつの間にか魅せられてしまう。

そうなると、本人の意思に反してでも盗みを働くことがあるのだと説明を受けた。

「ドンピシャかぁ」

頭を掻いて困った顔を浮かべた檜原さんに対して、現場監督が相変わらず眉を下げたまま提案した。

「一度、山下の家に行ってみますか。もう合い鍵も取ってあるんで」

それなら話は早い。反省を促すために、一度拉致《らち》ってしまうのも手だろう。


「ダメだよこれ。中で死んでるよ」

築半世紀、トイレ共同、風呂なし、四畳半の部屋が四部屋。

山下のアパートには、どうやら彼以外の住人は存在していないようだった。

彼はアパートの二階の奥の部屋に住んでいるらしい。

錆びついた外階段を上がっていくと、アパート全体が揺れる。

少し大きめの地震が来たら、生命の危機を覚えるレベルだ。

山下は、もういつ倒壊してもおかしくない物件に住んでいるということだ。

「多分、ずっと退去してくれって言われてたんだろうなぁ」

そんなことを言いながら階段を上がり切ると、廊下まで臭いが漏れていた。

春先にここまで臭いが漏れるものか。

「で、そいつが出てこなくなってどれだけ経ってるって？」

「今日で四日目です」

最高気温が十五度を超える日はなかったはずだ。

「――ちょいと腐敗が早くねぇか」

「中に入りますか。それにしても、ちょっと臭いだけは困りものですね」

現場監督が心底困ったという顔を見せた。

合い鍵を使って鍵を開こうとするが、鍵は最初から掛かっていなかった。

ゆっくりと扉を開けて中を確認すると、ゴミだらけの部屋の中央に、黒ずんだものが鎮座していた。

「お前行って、勾玉だけ持ってこい」

檜原さんが現場監督に命じる。命じられた彼は土足のまま部屋に入っていって、布団の上から何やら拾い上げると、急いで戻ってきた。

一度扉を閉めて、その場を離れる。

「山下は、もう真っ黒に溶けてました。こちらが勾玉です」

現場監督は相変わらず困った顔をしていた。

「これは警察を呼ばねえといかんよなぁ。俺らが第一発見者だもんなぁ――」

仕事を無断欠勤するのが続いたので、自宅に様子を見にきたら、何か変な臭いがするので警察を呼んだ、という取って付けたようなストーリーを準備して、警察署に向かう。どうせ監視カメラみたいなものもないのだ。何を言っても裏の取りようがない。

揺れる階段を下り切ったそのとき、檜原さんは一階の窓が気になった。

「ちょい待ってろ」

現場監督にそう言って、その部屋の窓に近付く。そこは、ちょうど山下の部屋の真下に当たる場所だ。

窓ガラスの中はカーテンもなく、がらんとした室内が丸見えだった。

ガラス越しに天井を見上げると、真っ黒で縦長の楕円が描かれており、その中央から黒いものが滴って、黄色く変色した畳の中央までも黒く染めていた。

その黒いものは、数日前まで山下だったものに違いない。

現場監督の元まで戻って、警察まで歩いていく。

「まぁ、真っ黒に溶けていたし、下まで滲《にじ》み出ていたたし、下の部屋の天井から床にまで垂れてしまってるしで、もうあのアパート自体取り壊さないとダメだな。染みついちまってるからなぁ――」

「そういうときって、敷金ってどうなるんでしょうね」

「知らねえよ。建て替えるにしたって、あの状況から何とかするんだろ。考えたくもないね」

「そういえば、山下のあれは、絶対これのせいですよね。これはどうするんですか」

現場監督が遺体の枕元から拾ってきた勾玉をポケットから取り出した。

無言で受け取る。

暫く歩いていくと、途中で橋を渡ることになった。

——そうだ。いいことを思いついた。

「こんなもんはな、こうだよ」

橋の真ん中で、下の水面に向けて勾玉を落とした。それは小さく水飛沫を上げたが、それで終わりだった。

いつか誰かが気が付くかもしれない。

永遠に気が付かれないかもしれない。別にそれはいい。知ったことではない。

「現場にあと二つありますが——」

「それもどっかの橋から川に落としちまえ。それで終わりだ」

そう命じられた現場監督は、相変わらず困ったような顔のまま、無言で頷いた。

「――ただまぁ、その後、葬儀の後で、山下の老母ってのが事務所に押し入ろうとしたり、現場に入り込んでは作業員とトラブルを起こしたりと色々なことが続いたんだよ。それはまた別の話だ。その婆さんも、最期は真っ黒に溶けちまったんだけどな」

檜原さんはそう言うと、顔中をしわくちゃにして笑った。

解体工事

「次は、ボンクラな現場監督が酷い目にあった話でもしようか」

檜原さんは興が乗ってきたようで、次々と酷い話を語り続けた。

その中にはこの本でも載せられないような話もある。

「いや、皆酷い目に遭ってるじゃないですか」

「そうなんだよ。ちゃんとしときゃいいのに、手を抜いたり、我流で勝手なことをしたりすると、たちまち大変なことになる。あんたも覚えといたほうがいいぞ。俺も若い頃には大ミスをして、周囲を酷い目に遭わせてるからな」


その現場監督は、青嶋というまだ四十になるかならないかという男だった。

監督というからには他の者よりも目端が利いて、気遣いもできて、仕事だってできなくてはならない。

ある屋敷の解体現場を担当したときに、その実務部隊を率いることになったのが、青嶋だった。

檜原さんは、最初からこの男が気に入らなかった。

やたらとポケットに手を入れる癖があり、受け答えも何処かぼんやりとしている。要は打っても響かないのだ。言われた仕事を言われた通りにきちんとやり遂げられるのか、少し心配なところがあった。

「今回は、建屋を取り壊す前に注意点がある。俺の師匠から、もう半世紀ほど前に言われたことなんだが、入念に地鎮しろってな言伝《ことづて》があってな。とにかくお前ら、怪我したくなかったら、神社手配して、しっかり地鎮してから工事を始めるように！」

檜原さんが現場に出てまで注意することは殆どない。基本的には文書で通達すれば、多くの現場監督は言われたことを守る。

だが、このときは、青嶋がまともに仕事を行うとはどうしても思えなかったのだ。場合によっては、地鎮の費用を受け取って神社に連絡せず、それっぽい真似事をして私腹を肥やすこともあり得る。そう思っての行動だった。


「言われた通り、地鎮祭――解体清祓《かいたいきよはら》いやってから工事に取り掛かったんだよな」

「いえ、やりませんでした。今回は急ぎの工事だからって、監督が勝手に」

「おい待てよ。あそこは良くないから、入念に地鎮しろよと俺言ったよな。手を抜くと怪我をするとまで言ったよな」

「はい。だからこうなったのかと――」

現場監督を飛び越えて檜原さんに直接連絡を入れてきたのは、六十絡みの老作業員だった。そういえば、この作業員の顔は、何度か現場で見たことがある。

「そういやあんた、名前は？」

「陶山です」

「ああ、陶山さんか。前にヤクザのお屋敷を解体したときにもいてくれた人だね」

「そうです。もうあれから十年にもなりますが――覚えてくれてましたか」

「忘れてねえよ。それにしても〈はいずりや〉とは酷い名前を付けやがって。俺のメンツも上がったりだぜ、こいつはよう――」

陶山さんの話によれば、周囲に天幕を張った後で、重機を入れて建屋を崩し始めたところで、現場の作業員が次々と寝込んだという。

しかも現状トイレにも立ち上がれなくなってしまったらしい。

つまり、寝たきりなのだ。

それが三人続いた時点で、青嶋が工事の中断を言い渡し、それから二日何も進んでいないとのことだった。

その状態を見るに見かねて、陶山さんが檜原さんに直接報告に来たという経緯なのだという。

曰く、この工事に関わると二本足で立てなくなるぞと、作業員達がまことしやかに噂しており、その解体現場を〈はいずりや〉という別名を付けて呼んでいるらしい。這いずり家。酷い呼称である。

「――で、当の青嶋は何してんだい」

陶山さんは、彼が現場で何度もイライラしながら電話をする姿を見かけていたが、この二日は現場に顔を出していないので、よく分からないと答えた。

「どうせ俺に締め上げられると思って、何とか安く手を打てないかと、あちこちに連絡して回ってんだろうな」

残念ながら無駄な努力だ。近隣の神社が今更引き受けることはあるまい。

だが――作業員が三人寝込んでいるというのは厄介だ。

祟られていると陰口を叩かれても仕方がない。

「尻拭いせにゃならんな。俺が出張るわ。でも青嶋は残念なことになるかも知れねぇなぁ」

師匠からは「入念に地鎮しろ」という指示を受けているが、具体的にその家がどう不味《まず》いことになっているのかまでは聞いていない。

きちんと自分達でそこは調査した上で、正しく対処しろということだろう。

檜原さんであれば気付ける範囲のものなのだ。そうでなければ性格の悪い師匠でも、そんな忠告はしない。


到着して重機で崩した場所を確認する。

壊した壁の中にはお札のようなものが幾重にも練り込まれているとの報告が上がっていた。実物を見ても、確かに墨書きの魔除け札のようなものが見て取れる。

更に崩した家の床下には、封じられていない井戸が複数見つかったという。

「何。井戸があったのか」

檜原さんが訊くと、陶山さんが案内してくれた。

屋敷は四方を天幕で覆われている。その中に重機が入っており、既に建屋の一部は破壊されていた。その工程で、一階の客間らしき部屋のそれぞれの床下に、井戸が掘られていることが明らかになったのだという。

合計で三基。蓋も開けられたままだという。

その報告を聞いた檜原さんは、腰から力が抜けそうになった。

「順番が違ってるじゃねえか」

初歩的なミスだ。解体を始めるよりも前に、図面をしっかり確認するか、聞き取り調査をするなどして、先に井戸をどうにかしないといけなかったのだ。明らかに現場監督のミスだ。

作業員の不調も、解体時に瓦礫が大量に入ったのが理由かもしれない。

だが、それももう後の祭りだ。

「今からでも井戸の息抜きだな。その後で埋め戻し。神職の手配は俺がやる。現場の仕切りは陶山さんに任せるから、他の作業員達は、分からなかったら陶山さんに聞け」

その指示に、陶山さんは驚いたようだったが、ざっと現場を見た限り、仕切れる人間は他にいない。

「任せた。あと、青嶋が戻ってきたら、俺のところに顔出せって言っといてくれ」

「分かりました」


だが、青嶋が檜原さんのところに現れることはなかった。

彼は自宅で首を括っていたからだ。

「立てなくなっちまった作業員達は可哀想だが、青嶋の煽りを食らったようなもんだよなぁ」

檜原さんは全く悪びれる様子もなく続けた。

「まぁ、現場だとそういうことはよくあるんだよ。現場監督の引いた貧乏くじの巻き添えを喰らう作業員の話は、俺も色々聞いてるよ。現場から出た古い遺骨を自分の車に積み込まれて、捨て場所を探してうろうろしてる奴とかな」

全くひでぇ話だよ。

檜原さんは、世間話を楽しむかのように、暫くの間、ニヤニヤと笑みを浮かべていた。

贄《にえ》の柱

「長野だったか岐阜だったか。ひょっとしたら愛知だったかもな」

　檜原さんがこのようにはっきりと場所を言わないときには、何らかの理由で表沙汰にしたくない理由があるときだ。

　これも彼が引き受けた解体工事での出来事だという。

　そのとき解体することになったのは、相続関係の問題が長引いて、十年以上人が立ち入っていないという家だった。

「まぁ、家の造りを見りゃすぐ分かるんだが、羽振りの良かった時代に建てた庄屋の屋敷だったな。しっかりした家だったよ。江戸時代のもので、木もいいし、漆喰《しっくい》もいい。瓦だっていいものを使ってた。あんな家は、もう今じゃ建てられんのよ。柱に使う木からして違うからね。だからもったいないとは思ったんだがな――」

　仕事で引き受けたからには、とにかく完璧にやり遂げるのが檜原さんのモットーなのだという。

　ただ、外から見ていると、その仕事に工事担当の安全が含まれていないようにも感じられる。そこは玉に瑕《きず》ということだろうか。

勿論そんなことは指摘しない。

「おい、何だよ。言ってみろよ」

五十代半ばの現場監督が報告の途中で、もじもじとして何か言いたげだったのを、檜原さんは見逃さなかった。

「あのう」

「だから何だよ。いいよ大丈夫だよ怒らないから」

とはいえ、檜原さん自身は自分が思っている以上に気分屋なので、その言葉が信用できるかは別の話になる。

「実は作業員が、あの屋敷に入るの嫌がって仕方ないんです」

重機で周囲から一気に崩してしまえれば楽なのは確かだが、今回の案件は、「重機禁止」なのだ。

理由の一つはその屋敷が細い路地の奥にあるということ。更にできるだけ資材を生かしておきたいという要望があったからだ。

何故なら、屋敷は釘を使わずに建てられた古民家で、その古材を売却して解体費用に充てたいという事情があったからだ。

既に買い手が付いているらしいので、乱暴に扱う訳にはいかない。

「全く重機禁止ってのは七《しち》面倒臭ぇ話だよなぁ。でもそういうことじゃないんだろ。あれだな、中央のあの〈開かずの間〉だろ」

檜原さん自身が、下見をした際に、その部屋に何か〈臭いもの〉を感じたのだ。部屋は四方をぐるりと廊下に囲われているが窓も欄間もない。襖と壁で四方がぴっちりと塞がれた作りになっていた。

それを聞いた現場監督は、「おっしゃる通りで」と頭を下げて、広くなった額を手拭いで拭いた。

「どうも、あそこには守り神がまだいるみてぇだからなぁ――」

そもそもその部屋は解体が始まった今の時点で、家財道具が丸ごと残されている。家族は、住んでいるときから、この部屋には一回も立ち入らなかったらしい。そうなると、半世紀近くに亘って陽の光すら入っていなかったことになる。

解体に伴い、家財道具はどうすれば良いのかと施主に訊ねると、一度お祓いをした後で焼いてくれというではないか。

金は払うというが、その手配から何からこちらに丸投げだ。

「施主が一切顔出さないってのも気に入らねえけど、こういうのはくじ運が悪かったようなもんだ。引いたのは〈凶〉かもしれないが、〈大凶〉にはならないようにしてやるよ。仕事だから我慢してくれ。まぁ、あんたはまずは言われた通り神主の手配をして、家財道具を運び出すところからだな――」

このときまで、檜原さんはこの解体工事が、そこまで難航するとは思ってもいなかったという。

現場監督は言われた通りに家財を運び出した。それらを順次トラックに乗せて神社に届け、お焚き上げをしてもらった。そこまではいい。

その家はどうも集落の人間から恐れられていた一族とのことで、その顛末が目撃されると、周囲から色々と質問攻めにされたそうだ。

曰く、もう家主は戻ってこないのか、これから土地はどうなるんだ、家は潰すのか、色々だったという。

現場監督としては、当然ながらそのような施主側の情報を表に出すことはできないし、推測で答えることもできない。

一方で集落の人々の熱意は異常とも思えるほどであったという。

家財を運び出された中央の部屋は、単なるがらんとした八畳間に戻った。だが、それでも作業員は部屋の一角が気持ち悪いと、その部屋に近寄ろうとしなかった。

その感覚に疎い現場監督には、一体何が気持ちが悪いのかが理解できなかった。そこで、具体的に何が気持ち悪いのか、何を怖がっているのかを作業員に訊いて回った。すると、嫌がる作業員達は、共通して床の間のあたりが恐ろしいのだと打ち明けてくれた。

「そうか。床の間の下に何かあるのか。まぁ、開けてみないと分からんな」

現場監督は首を捻った。結局よく分からない。

ただ、床下に埋めていない井戸が存在することもある。何か呪物のようなものを埋めていることもある。何らかの呪術によって、家や一族を守ろうという考え方なのだろう。少なくとも現場監督はそのように理解している。

「それじゃ、そこは後回しにして、周辺から作業開始することにしましょう」

そう告げる現場監督に、作業員達も頷いた。最終的には檜原先生が何とかしてくれるかもしれない。してくれないかもしれない。

——〈大凶〉にはならないようにしてやるよ。

その言葉を期待しての作業開始だった。

だが、事前に考えていた以上に怪我人が続出した。

使い慣れているはずの工具を取り落として足の甲の骨を折る。不意に降ってきた瓦に当たって怪我をする。作業用手袋でがっちり守っているのに生爪を剥がす。

安全靴を履いていたにも拘らず、靴を脱いでみると中が血まみれということもあった。

作業できない者が増えると、交代の人員を追加することになる。そうでなければ工期を延ばすかだ。

「俺さ、何で近隣の人たちがこの家にビビってるか、ちょっと分かってきたわ」

作業員はヒソヒソとそう言い合っていた。この土地に変化を起こそうとすると、ただでは済まないという実例を、間近で見てしまったからだろう。


遅れに遅れた作業も、ほぼ中央の〈開かずの間〉を残すばかりになった。

現場監督からの強い要請により、檜原さんも現場に毎日顔を出している。

「それじゃ、柱の周りを崩すぞ」

号令に従って、作業員が板敷を剥がしていく。

「あれ。これ柱の下に何かありますね」

床下を覗き込んだ作業員が声を張り上げた。

「ちょっと、カメラ持ってきて」

割れた板の間からカメラを差し込んでフラッシュを焚く。

注連縄《しめなわ》のようなものが柱の下部に巻き付けられているのが分かった。

「ちょい待て。何だこれ！」

写真を確認した作業員が素っ頓狂な声を上げた。

「この柱の写真、やたらと赤いよな」

フラッシュによる変色とは思えない。

「ちょっと剥がしますか」

床板を更に剥がして確認すると、床下から基礎まで伸びているはずの柱の下部が、血でも吸っているかのように赤黒く変色している。

「血か――？　これ」

だが、五十年以上光に当たっていない柱が、血で染まるはずはないだろう。建設前から何らかの理由で赤く染めてあったというほうが納得できる。

現場監督では判断ができないということで、檜原さんが呼ばれた。

「大黒柱ですが、赤く染めるのとか、注連縄を掛けるっていうのは何かあるんですかね。

ちょっと先生、見ていただけますか？」

檜原さんが写真を見る限りでは、大黒柱は地面に深々と突き刺さっている。

つまり、基礎が地下にあるのだ。

「面食らったな。この時代にこんなことやってんのか」

檜原さんは、これは地下に何かがあると直感した。

「誰かちょっと掘り返してみろ。何か出てくるだろうよ」

気味悪がって近付かない作業員を横目に、現場監督がスコップを持ってやってきた。

掘り返していくと、古い骨が出た。

「大黒柱の周りに、骨がありますね。基礎はその更に下のようです」

淡々とした現場監督の報告に、檜原さんは唸った。

「きっとこいつは、生きたまま守り神にされたんだな――位の高い神主を呼ばなきゃ二進《にっち》も三進《さっち》もいかんか。俺の伝手で手配するから、それまでは一旦工事止めとけ。あと、後日そんな訳で地鎮祭をするけど、参加しない奴の命は保証できないから」

絶対に顔を出せと伝えても、施主は地鎮祭に顔を見せなかった。

その翌朝に騒ぎが起きた。早朝、現場監督が現場に到着すると、施主がそこで割腹自殺をしていたのだ。

警察の検証なども終わった後で、どうしたら良いでしょう——と、現場監督から相談があった。

檜原さんは次のように答えたという。

「もう一度お祓いをしないとダメだろうな。もしきちんとお祀りしていたなら、今回のような結果にはなっていなかったんだろう。あの土地や、再利用される建材が、今後どう使われるのかまでは俺の知ったことじゃないが——まぁ、どっちにしろ碌《ろく》なことにはならないだろうよ——」

訳ありの家

ある地方都市での話だ。

自分が直接住む訳ではないのだが、知り合いから良さそうな物件を探してほしいという依頼があって、方々探していたときのことだ。

これはなかなか良さそうな物件じゃないかというものに当たったことがある。

ただ、周辺の相場と比較して、家賃が妙に安いところが気になった。

「中心地から近くて、不便な訳でもないのに、賃貸にして安く貸し出してる一軒家があるんだけど、これってどう思う?」

友人の館さんに相談すると、即答でやめたほうがいいとの答えが返ってきた。

理由を訊ねると、危ないとのことだった。

「そういうのは良くない因縁があったりするんだよ。俺が知ってる例でさ、住人が畳の上で死ねた試しのない家の話があんだよ」

興味を持って訊いてみると、それは彼の実家のすぐそばにある家のことだという。

彼の家の両斜向《はすむ》かいには、かつて歳のいった男性と、その妹がそれぞれ一軒家を構えて住んでいた。仮にこの二人の名を、義夫さんと照子さんとしておく。

二人の家は、歩いて行き来したとしても二分ほどの距離だったが、それぞれの家の間には、もう一区画、空っぽの土地があった。当初はその土地を買って兄妹隣り合わせで住みたかったようだが、そこは買うことのできない土地だった。

そこには立派な百日紅《さるすべり》の木が生えていおり、代々神様が祀られていた。そもそも売買をしてはいけない土地なのだという。

だが、第二次世界大戦の空襲で周辺が焼け野原になってしまった。恐らく登記上は自治体が所有していたであろうその土地は、戦後のどさくさにまぎれて義夫さんが占有するようになった。

戦後の混乱期に、役所の登記も失われてしまったか、曖昧になってしまったのか、占有しても誰も名乗り出る者はいなかろうということで、そのような無法な振る舞いに出たようだ。そして、彼の思惑通り、誰もそれに異を唱えなかった。

戦後。昭和三十年代の後半から四十年代の頭のいずれかに宅地申請がされた。

つまり彼は戦後の混乱に乗じて〈上手いことやった〉のである。

義夫さんはその後、その土地を売りに出した。彼が自分で家を建てなかったのは、ただ単に換金したほうが得と考えたからのようだった。

買ったのは事情を知らない他所から来た人だった。その人物は、買った土地に家を建てて住み始めた。

その家が現在も建っている。築半世紀ほどだが、しっかりした造りなので、恐らく今後もメンテナンスだけで、暫くは保つだろう。

ただ――その家に住むのは良くないらしい。

そもそも所有者が短期間に転々としている。

「その家に住むとさ、最期が良くないんだよ。勿論、普通に生活している分には、特に問題はないんだと思うよ。でも、俺が知る限り、最期が悪いんだよ」

最期とは、死の間際のことだよと、館さんは念押しするように言った。

いや本当にまともじゃないんだよ――。

昭和四十年代にその家を建てた人は、十年と経たずに不審死したらしい。

道端でうずくまったまま冷たくなっているのを発見されたのだ。

次にその家に入ったのは品のいいお婆さんだったが、入居して二カ月後には発狂して病院から出てこなかった。

この二件に関しては、館さんも直接知っている訳ではないが、両親や祖母が時々噂していたのでよく覚えている。

両親と祖母は、義夫さんに対して色々と思うところがあるらしかった。

以前から、難癖付けてうちの土地を乗っ取ろうとしたんだとも言っている。確かにごうつくばりの偏屈なオヤジだと、子供の頃から有名だった。それも彼が世を去った、十年ほど前までの話だ。

そこで館さんは、祖母に目の前の家が建っている土地の謂われを訊ねてみた。

すると、元々義夫さんが掠め取る前は、百日紅の樹の下に、土地の神様を祀るお社が建っていたのだという。

そこには小さなお地蔵さんのような石像が納められており、地域の信仰を集めていた。

近隣の人たちも、その石像をお祀りしていた。

だが、義夫さんがそれを道に出すようにずらして、土地を丸々開けたのだという。

全く勝手なことをする罰当たり者がいたものだよ——。

そう祖母は口を尖らせた。

「――あれはね、うちの守り神さんなんだよ」

祖母は続けた。

「うちはこの地域で一番古い家なんだ。で、その入り口のところにあるだろ。だから守り神だって言ってるんだけど、義夫さんは勝手なことしてね。今じゃ頭すらありゃしないじゃないか」

確かに今も、道端には寂しげなお地蔵さんが佇んでいる。だが、義夫さんがずらしたときに折ってしまったので、頭部が失われている。

頭がないのは可哀想だということで、館さんが若い頃、首の上に平たい石を置いた。それから四半世紀以上経っている。

それ以降、お地蔵さんも少し不思議なのだという。お地蔵さんの台座となっている石に字が書かれている。そこの前に二人の人間が蹲《うずくま》っているのを何回も見ているし、どんな強い台風でも、首の上に乗った石は落ちていない。

ただ、これは誰にも言っていない。家族に言ったところで変な顔をされてしまうからだ。

「ともかくね、あの家に住んでる人は、長生きはしないし、畳の上で死んだ試しがないんだよ。うちの前にあんな家があるなんて、気持ち悪いといったらないよ」

祖母はとんでもないことを言った。だがそれは誇張ではないのだろう。

「そんじゃ、今住んでいる人って、どうなってんのよ」

館さんがそう訊いたが、実のところ祖母はよく知らないらしかった。

代わりに母親に訊いてみたところ、こちらもまた不思議なことになっているらしい。

「今住んでる人はね、いつも同じ部屋の電気を消さないでいるわよ。夜も昼も点けっぱなし」

「何でそんなことしてんのさ」

「あたしもそれが気になってさ。この間たまたま町内会の仕事で一緒になったから訊いてみたのよ」

現在の住人は、独身男性一人だ。

いつも虚ろな表情でいるが、話をしてみると意外と気さくな人らしい。

「あの家の蛍光灯が点けっぱなしの理由はね、少しでも暗くなると、部屋に知らない家族が出てくるからなんだって」

「夜でも昼でも？」

「夜でも昼でもだって。蛍光灯を消すと部屋の中に五人出てきて、部屋の真ん中でじーっと座っているんだって。慣れちゃったから良いけど電気代も掛かるし、うすらぼんやり蛍光灯の光に混じっているから、気味が悪いって言ってたわよ」

その後、彼は、自分が近所の主婦に〈おばけの話〉をしていることに気が付いて、恥ずかしそうに頭を掻いたらしい。

「でもさ、家族で五人出てくるって言ったじゃない。あたしはそれ、家族じゃないと思ったのよね」

母親に言わせると、その特徴が昔知ってた人によく似ているのだという。

出てきている一人は義夫さんだ。あと品のいいお婆さんは発狂した人だ。

「あとの三人は特徴を言わなかったから知らないけど、多分あの家を建てた人とか、短期間借りてた人じゃないかしら——幽霊になってまで家に縛られているなんて、碌なもんじゃないわよ」

母親は、ああ嫌だ嫌だと顔を顰《しか》めた。

「義夫さんは、隣の廃寺で境内の掃除をしている途中だか何だかで死んじゃったんだろ。墓石と墓石の間に、どてらを着たままうずくまるようにして冷たくなってたって話じゃない」

館さんがそう言うと、母親は頷いた。

「義夫さんは、高利貸しみたいなことやってたのよ。その廃寺の和尚さんを騙くらかして無理やりお金を貸して、結局一家離散に追い込んだのが義夫さんなんだから。あの寺の土地も欲しがってたし――ああ、五人のうちもう一人は照子さんかもしれないわね」

母親は思い出したように呟いた。

どうやら義夫さんの妹も、畳の上で亡くなることができなかったらしい。

祖母と母の言い分では、二人とも、土地から離れられないんだろうとのことだった。

「家の中では誰も死んでないから、不動産屋は事故物件じゃないって言ってんだよ。でもさ、畳の上で死んだ奴が一人もいないなんてことはあり得ないだろ」

だから、そういう訳ありの家はやめといたほうがいい。

館さんは念を押すようにそう言った。

石頭の土地

憲さんという古い知り合いから聞かせてもらった話である。

彼は最近子供の頃のことをよく思い出すようになったらしい。

「俺がまだ小学校から中学に上がった時分だから、まぁ半世紀以上も昔の話だよ。所々覚え違いをしているところもあるかもしんねぇけど、あんた変な話が好きなんだろ。そんなんで良ければ聞いてやってくんな」

彼の外見は、一見すると、不機嫌そうな山男とでも呼べば良いのだろうか。いかつくて髭《ひげ》ぼうぼうという顔に、いつでもくしゃみを我慢しているような表情を浮かべている。初対面の人からは怖がられるが、実際にはなかなか朗らかで気を遣う男なのだ。

彼は小学校時代に親の転勤で今も住んでいる町にやってきた。

彼の父親の弟、つまり憲さんからすれば叔父が町にいるというのも、引っ越し先を選ぶ理由だったようだ。

叔父の名は晴彦といって、憲さんにとっても色々と謎めいたというか、正直なところ胡散《うさん》臭いところを感じる人物だったという。

「まずうちの親父よりも大分若く見えたね。二人の年齢はそう大きく離れていなかったようだけれど、明らかに父親よりも幼く見えたんだよ。勿論今とは時代も違う。当時三十代後半だった両親は、今の基準で考えると、二人ともずっと大人だったように感じるし、叔父もあのときなら三十歳を少し過ぎたあたりのはずだ」

憲さんは去年還暦を迎えている。一つ年上の奥さんと、息子さんが二人。息子さんは共に独立して、地元から出て働いていると聞いている。

「うちの下の子もそうなんだが、今の三十そこそこなんて、まだガキみたいなもんだけどよ、叔父の雰囲気はそれに近い感じだったんだな。社会に揉まれてないというか、覚悟が足りてないというか、芯がないというか。頼りない感じといえば良いのかな――」

付き合っている女性はいるようだが結婚はしていないようで、よく憲さんの両親から、いつ身を固めるのかとせっつかれていたのも記憶している。

「もしかしたら、うちの親父は、弟が心配だったのかもしれない。それでさ、そういう心配っていうのは大体的中しちまうもんなんだよなぁ」

憲さんはそこで一旦言葉を切った。

叔父の住んでいたのは、町外れの一軒家だった。一軒家といえば聞こえがいいが、隙間風が入り放題の、ぼろ家といっていいような建物で、近隣にはスーパーマーケットもなかった。決して住みやすい環境ではない。

だが、べらぼうに家賃が安いのと、彼の仕事に都合が良いので住み続けているらしかった。

叔父はそのぼろ家に一人で住んで、その日暮らしのような生活をしていた。どうやら文筆業で生計を立てているとの話だった。

そしてもう一つ——彼はいつか養蜂家になろうと、箱の中にミツバチを飼い、蜂蜜を取って暮らしていたのだ。

「俺は養蜂とやらには全然詳しくないんだが、ミツバチの入った木の箱を、花が咲いていそうな場所に持っていくんだろ？　あの当時、叔父のそれが商売になっていたのかは知らないけど、時々うちにも蜂蜜を持ってきてくれたりもしてたから、それなりに本気だったんじゃないかな。ただ、それで食っていけるほどではなかったと思う」

憲さんはそう説明した。

養蜂家に憧れる若き文筆家。

芯がなくて周りからも心配されている人物。

ある程度は人望があったのだろうか。

そんなふうに叔父氏のことを想像していると、憲さんは不思議なことを言った。

「それでその叔父のぼろ家がおかしいのは、家賃が安い理由なんだよ。その敷地には、よく車が突っ込むからだっていうんだ。車がよく突っ込むから家賃が安いって、そんなことがあるものかい?」

憲さんの言葉に記憶を辿り、「聞いたことがないですね」と答える。

言われてみれば不思議な理由だ。そんなことなら壁でも何でも建てて対策すれば良いではないか。

「だろ。でも実際そうらしいんだよ。叔父が亡くなってから俺も調べてみたんだ。そうしたら、年に三回は突っ込んでたみたいだ。まぁ、大きな国道がそばを通っていて、そこからの迂回路になっていたというのも理由なんだろうが――」

彼はそこで一旦区切った。

「ま、もう半世紀前だから時効だよな。事故が起きてたのは、渋滞が起きていない深夜で、しかも周囲には松林やら畑やら色々あるのに、ピンポイントでその家の敷地に突っ込むんだ。大家がそれで保険金をせしめるためじゃないかとまで言われてたよ」

彼は遠くを見るような目をした。

「――ともかく、そんな中でも、叔父は割と自由気ままに生きていたみたいだ。今の俺はそれが悪いとは思わないが、当時は成人した男だったら、もう少ししっかりしろっていう圧力があったんだろう。度々うちに食事をしに来ては説教されていたよ。いや、今思い返すと、あれは次の給料日まで、夕飯が食えないくらい困窮していたってことなのかもしれん。だから親父も説教してたんだろう」

そこで憲さんは一度言葉を切った。眉間に皺を寄せ、口角を下げると、妙にダルマに似たような表情になる。

「それで、正直に言うと、俺も叔父のことを妙に侮《あなど》ってたところがある。子供心に〈変な大人〉って思ってたんだな。俺の息子達も当時の親父や叔父の年齢を超えてる身からすると、ね、悪いことをしちまったとは思うんだ」

彼は一旦そこで話を切ると、「ここからが変な話なんだよ」と念押しして、ダルマのような表情のまま片方の口の端を持ち上げた。

ある日、叔父が青い顔をしてやってきた。

その前に叔父が訪ねてきたのは、ふた月ほど前のことだった。

友達と家の前でキャッチボールをしていた憲さんが、お久しぶりですと声を掛けたが、聞こえなかったのか無視して家に入っていった。

「あれ、誰？　何か真っ青な顔してたんだけど」

「ああ、うちの叔父さんなんだけどさ、何かあったのかな」

中学生二人が、何かお化けか幽霊でも見たのかと心配するくらいには怯えた顔をしていた。

憲さんも心配だったので、キャッチボールを中断して家に入った。

すると、嗚咽《おえつ》が聞こえた。

ギョッとして居間を見ると、父親の前に正座してべそべそ泣いている叔父がいた。

憲さんは、大人が泣く場面に衝撃を受けた。普段から厳しい父親に、男なら泣くなと言われて育ってきたこともあって驚いたのだ。

「晴彦よう。いきなり来て泣かれても、こっちは分からないよ」

困った顔をした憲さんの父親が、そう諭すように声を掛けた。

「また車が突っ込んできたんだよ」

憲さんもそれを聞いて「またか」と思った。

父親も「またか」という顔をしていた。

「でも、それは年に何度かあるから慣れているけど、今回のは少し違うんだよ」

叔父は震えながらそう言った。

「何が違うんだ」

「——ここ暫く、本当に良くないことが立て続けに起きてるんだ。その挙げ句に今回の事故なんだよ。俺はもう怖くて怖くて」

嗚咽交じりに叔父は打ち明けた。

聞いていると確かに酷い。

可愛がっていた犬は急死してしまったし、ここふた月の間、毎晩夢見は悪い。付き合っていた彼女が遊びにきたけど、何か庭で嫌なものを見てしまったらしくて、逃げ帰って以来二度と会ってくれない。それどころか、もう連絡すら取れなくなってしまった。

その上で今回の事故は、建屋の一部も崩れるほどで、このままだと次に事故があったら死ぬかもしれない。台所が崩れて飯を作るのにも困っている。とりあえず大家には連絡をしたが、殆ど意に介した様子がない。

最後のほうはただの愚痴のようにも聞こえた。そんなに嫌な場所なら引っ越せば良いのにと、憲さんも思ったという。

父親も頭を掻いて、「そんなことを言われてもなぁ」と言いつつも、慰めて家に帰そうとした。だが叔父はそこでまたぐずぐず言い始めた。

「怖いから、あの家にはもう帰りたくない——」

仕方がないので酒を飲ませ、一晩家に泊めるという話になった。

「そんで叔父は翌朝帰っていったんだよ。俺はよく知らないけど、蜂だっている訳だし、生き物の世話はしなきゃいけないよな。でも翌日すぐまた叔父が来たんだ。もうどうしていいか分からない。怖い怖いって取り乱してな」

取り乱しているから、何を言っているのかよく分からない。

ただ、怖い怖いと繰り返すだけだ。

「俺も一緒に行ってやるから、ちゃんと説明しろ!」

憲さんの父親は、どうにも煮えきらない弟に、イライラして大声を上げた。

するとまた叔父はべそべそ泣き始める。

「晴彦、とりあえずこの二カ月の間に、何か変なことが起きるようになった切っ掛けみたいなものはなかったのかよ」

そう問うと、叔父は最初は何もないと繰り返していた。しかしそこに憲さんの母親が口を挟んだ。

「晴彦さん、そういえば庭から出てきた首はどうなったの？」

——首？

「何だそれは」

父親も、何のことか知らなかったらしく、母親に説明を求めるように声を上げた。

叔父は、ハッと何か思い出したような表情に変わった。

母親の話では、どうやら不用品を燃やそうと庭に穴を掘ったときに、地蔵の首だけが何体分も出てきて、それ以来怪異が続いてると以前聞いた——との話だった。

「晴彦、それは本当なのか」

叔父は項垂《うなだ》れたまま何度か頷いた。

「それじゃ、それを見にいくぞ。何かおかしなことになってたら、神主か坊さん呼んで何とかせんといかんだろ」

「もういいんだ」

「何だ。お前の住んでいる家だろう」

「怖いから見にいけないんだ」

もう、そこまで怖がっているなら、むしろ足手纏いだということで、父親が鍵を借りて、自転車に乗っていった。

「まぁ俺は行かなかった。ガキだったからな。だからこっから先は、後でお袋に聞いた話なんだが、ちょっと色々とおかしいんだよ」


父親は叔父の家まで行った。そうしたらどうにもおかしい。

確かに玄関先の生け垣には、車の突っ込んだ跡があった。

生け垣の先には建屋の一角があって、そこにも大穴が空いており、家の構造自体も歪んでいる。穴には既に応急処置的に板が数枚張られていたが、大きな地震でも来たら崩れるだろうと予想ができた。

そのうち職人が入ってどうにかするのだろうが、このまま住まわせておくのは危険だろう。場合によっては家に居候させねばならないかとも考えたという。

ぐるりと回って庭に入ると、まるで池でも作るのかというくらい大きな穴が掘られていた。これを一人で掘ったのかと思うほどの深い穴だった。

これがあいつの言っていた、地蔵の頭の出てきた穴か――。

覗き込んでも中は空っぽだった。

鍵を預かっているので、再度玄関に戻って中に入る。

玄関には何もなかった。

ただ、そこから上がり込んだ先には、廊下の右手にトイレと風呂、もう少し進むと小さな台所。更に向こうにはちゃぶ台の置かれた居間。そして奥には万年床の敷かれた和室がある。

車で台所の壁が突き破られた状態のままなのだろう。食器や調理器具が散乱している。

そのとき、父親は視線を感じた。

気配のするほうに視線を向ける。

居間のちゃぶ台の上に、地蔵の首が載って、こちらを向いていた。

気圧されるように立ち止まる。

台所の床にも地蔵の首が転がって、こちらを見ている。

トイレのドアも半開きで、そこにも地蔵の首。

風呂にも首。

——何だこれは。

父親は奥の和室まで歩いていくと、万年床の掛け布団を剥いだ。

掛け布団の下は二つの首が上を向いて、静かに笑みを湛《たた》えていた。

叔父の家には合計六つもの石でできた首があった。

携帯電話のなかった時代だ。叔父の家にも電話はない。近くに公衆電話もない。

父親は自転車を飛ばして戻ってきた。戻ってくるなり大声を上げた。

「何だあの薄気味の悪いのは！」

「地蔵の首――だと思う。掘ったら出てきたんだ。幾つも出るから、そのたびに洗って玄関に置いといたんだ」

「何だ。布団の中にいたぞ」

父親がそう言うと、叔父はポカンとした顔をした。

そしてその日から、叔父は昼間に家に戻り、夜は憲さんの家に泊まるようになった。

あの家だと、何かあったら崩れるから、引っ越すべきだとの説得に従った形である。

昼間はそのための準備をしているようだ。

殆どの荷物が書籍。あとは養蜂関係の機材だという。

引っ越し先が見つかるまでは今のような生活を続けるのだろうか。

そんなこんなで一週間ほど経った頃、叔父が一度帰ると言い出した。

「夜ももう大丈夫です。ありがとうございました」

ぺこりと頭を下げて戻っていった。

「あいつ、どうしてるかな。とりあえず散歩ついでに見にいくか。おい、お前も一緒についてきてくれ」

ある日、憲さんは父親から呼ばれて叔父の家に行くことになった。

どうやらまだ引っ越し先が決められずにぐずぐずしているのを、何とかしなくてはならないと思ったのだろう。

「おうい。いるかぁ」

玄関先で声を掛けた。

生け垣はまだ半壊したままだった。

——ああ、ここから車が突っ込んだのか。

憲さんがそう思っていると、父親が「庭に回るぞ」と言った。

声を掛けても、反応がないので、痺れを切らしたのだろう。

買い物に出ているとかで留守の可能性もある。だが、憲さんも庭の大穴とやらを見たかったので、父親の後をついていった。

庭に出た。

何も音がしない。

きっと叔父は留守に違いない。

一歩ずつ進んでいくが、幾つもの地蔵の首が埋まっていた土地だと思うと、足の裏がむずむずした。

掘り返された庭は、再度埋め戻されたのか、土が剥き出しの状態だった。その上に黄色いものが点々としていた。

何だろうと思ってよく見ると、それらは全てミツバチだった。

何百というミツバチが、地面に転がって乾いていた。

風が吹くと、それがコロコロと転がった。

庭の隅に焼却炉代わりなのか、穴が掘られていて、そこに蜂の巣箱が燃え残っていた。

突発的に焼いたのか、それとも何か理由があったのか。

引っ越すために、処分したのか。

「お父さん、これ、ミツバチ――」

そう声を掛けると、父親が声を上げた。

「憲、そのまま下を向いて玄関のほうまで戻れ」

そう言われて何のことだろうと前を見たときに、父親がそう言った理由が分かった。

庭の隅の木に、全裸の人間がロープでぶら下がっていた。

足元には地蔵の頭が並んでいる。

六体の頭が、全てこちらを向いて笑っていた。

「俺はさ、本当にあれは地蔵の頭だったか、今でも解せないんだよ。弟の変わり果てた姿を見た親父は、いつだって、あまり楽しそうじゃなくなってしまってな。何だか暗い家になっちまった」

憲さんは、今でもその土地の近くにまで散歩で出かけることがある。

だが、子供の頃には迷わずに行くことができたそこには、今はもう辿り着くことができないのだという。

辰巳風《いなさ》

「辰巳風」とは、東南の方角から吹く強風のことだ。

各地で「いなさ」とも称される。

江戸時代にまで遡る話になるが、この風は、特に資源の少ない離島に住む人々の生命線だったという。要はこの風に煽られて難破した船の残骸や積み荷が島に流れ着いた際には、それらの漂流物は島民のものにしても良い、という決まりがあったのだ。

資材や資源の少ない離島、又は、島流しにあった者達が先祖の島などで、残されていることのある風習とも聞く。


「――でも、あまり褒められた話じゃないですよね。勿論、それがなければ島ごと全滅してしまう訳ですから、当時は仕方がなかったというのは頭では分かるんです。それでも何というか――隠したいというか葬りたいというか、あまり知られたくない歴史なんです。特にそれが今にも影響を及ぼしているとか、考えたくもないじゃないですか」

先祖代々が抱えてきた唾棄すべき過去なのだと、上野さんは嫌悪を隠さずに言った。

彼は現在北海道に住まう、もうすぐ三十代という若いエンジニアである。

だが彼は、遠く九州は天草の海に浮かぶ離島の生まれだ。

実際十七歳まではそこに住んでいたという。

「逃げてきたというか、追っ手、まぁ親族なんですが、それを撒くようにして生きてきたというか。相手は探偵を雇っている訳でもないのに、出自というか、血というか、縁というか、そういうもので追いかけてくるんですよ」


彼の幼い頃には、彼と彼の両親は、離島の中でも貧しい暮らしをしていたという。

住んでいるのも狭い古屋だ。

だが父方の祖父の家は、お屋敷のように広くて大きかった。上野さんは、小さい頃から、それが納得いかず、腹立たしかった。

それでいて、祖父は彼のことを猫の子でも可愛がるかのように甘やかし、幾らでもわがままを聞いてくれた。

一方、上野さん自身は祖父のことが苦手だった。

何故なら祖父は、上野さんの母親のことをあからさまに下に見ていたからだ。祖父は大好きな母親を「後継を渡さない嫁」とか「後目泥棒」などと罵った。

幾ら彼を甘やかす祖父であっても、その一面があるというだけで、好きにはなれなかった。

実際、母親は上野さんを祖父の屋敷に行かせるのをとても嫌がっていた。

父親も、孫をしきりに屋敷に呼ぼうとする祖父とは、仲が良くなかった。

今から考えれば、祖父は何かの理由で孫に家督を譲るつもりだったのだろう。実子である上野さんの父親には、何か資格が欠けていたのかもしれない。

だが、そんなことを考えるよりも先に、上野さんは態度をコロコロ変える祖父に会うのが嫌だったし、祖父の家自体も怖くてたまらなかった。

何故なら、その屋敷では、祖父に手を引かれて連れられた部屋で、奇妙なものを何度か見せられたことがあったからだ。その奇妙なものからは、子供ながらに近寄り難い雰囲気を感じ取れた。

その奇妙なモノを、祖父は〈大黒柱〉と呼んでいた。

更に、祖父は〈大黒柱〉を見ると、普段見せている顔とは別の顔を顕《あらわ》すのだ。

祖父が〈大黒柱〉と呼ぶそれは、どうやら大変古いものらしかった。

木製だがどす黒く変色しており、深い傷があちこちに刻まれている。とても家を支える大黒柱には見えない。

実際、その柱が物理的に家を支えている訳ではなかった。

つまり信仰の対象としての呼称なのだろう。

家の一室の中央に建てられた〈大黒柱〉を中心として、これもまた、歴史を重ねてきたであろうと思われる太い綱が、四方を囲む。

辰巳――東南の方角には酒や塩、米などが供えられ、その向こうにはひと抱えほどの大きさの祭壇が設えられていた。

手を引かれて〈大黒柱〉の部屋に通される上野さんは、毎回その様子に恐怖を感じた。見ているだけで吐き気までしてくるし、奪われていくかのように少しずつ体温が下がっていく。しまいには全身が細かく震え始めた。

見ているのも嫌なので目をぎゅっと瞑ると、祖父が冷え切った手を強く握る。痛いほどの力で握るその手は妙に温かく湿っていて、思わず手を振り解きたくなる。

嫌悪感から目を見開いて祖父を見上げたところ、祖父は恍惚としたような満面の笑みを浮かべている。

その顔を見上げながら震える上野さんと祖父の目が合った。

「――こん柱が、わしらば金持ちにしてくれとるたい」

弛緩《しかん》した祖父の口元から涎が幾筋も垂れていく。

どうしよう。いつものお祖父ちゃんじゃない。

上野さんは逃げたかったが、祖父の力に逆らうことはできない。

ある日、〈大黒柱〉の前に上野さんを連れていった祖父は、孫を柱に向かって正座させ、目の前の柱に手を合わせるようにと告げた。

だが上野さんは、大泣きしてそれを嫌がった。

絶対に嫌だと何度も叫び声を上げた。

その姿を見下ろす祖父の顔は、邪悪を煮凝《にこご》りにしたような感じで、それがまた恐ろしくて、いつまでも泣き叫び続けた。それは、彼の喉が嗄《か》れて声が出なくなるまで続いた。

その経験があったことで、上野さんは二度と祖父の屋敷には行きたくないと両親に訴えた。

数年は良かった。だがその後、祖父が亡くなったことで、葬儀に参列することになった。

葬儀に参加することは親族である以上は仕方がない。それでも、〈大黒柱〉のある部屋には近付かないようにしようと考えていた。

しかし、今まで自分を祖父の屋敷に近付けたがらなかったはずの父親が、葬儀の朝に、人が変わったようなそぶりを見せた。

突然立ち上がって、今までに見せたことがないような笑みを顔に張り付かせて言った。

「俺はお柱様に挨拶ばせにゃん」

母親は、青褪めて夫から顔を背けると、黙り込んだ。

「屋敷とお柱様ん世話ば頼まれたけんな――」

父親の顔は、まるであのときの祖父と瓜二つだった。

忌まわしい記憶が蘇る。

身体が冷えて、吐き気を催した。

父親は葬儀の前に、一人で〈大黒柱〉のある部屋に向かったのだろう。

どうして、父親があんなことを言い出したのか。

母親に困惑して問うと、母親から、信じられないことを打ち明けられた。

「あたも《あんた》こん島にあぎゃん屋敷ば建てらるるほどん木がなかことは知っとるよね。あん屋敷は、いなさに巻かれて流れ着いた船ん材木が使われとるたい」

確かに、以前そのような話を、祖父がしていたのを聞かされたことがある。

「――あん大黒柱ん上にね。船主ん名前となんか、呪文んごたるこつが書かれてあいなっせ。何代か前ん主人が、力んなか島民から舟材ば全部取り上げて、あん屋敷ば建つるとに使うたっちゃ。ばってんね、びしょ濡れん男が柱に頭んとっぺんば押し付くるごつして座るごつなって。使用人もえずがってまともに働けんごつなりなっせ。それで、あぎゃんふうに祀るごつなったそばい」

だから仕方ないというのか。

使用人も恐ろしがって、まともに働けなくなったからといって、お祀りしないといけないようなものをありがたがってはいけないのではないか。

話を聞かされた上野さんは、そう考えるようになった。

だが、両親とともに祖父の住んでいた屋敷に引っ越してから、父親の命に従って、〈大黒柱〉の前に座らねばならなくなった。

父親からは、いいから〈お柱様〉に手を合わせろと何度も繰り返されたが、どうしてもそれはできないと拒否を繰り返した。

そのことで父親とは険悪になった。

それよりも、上野さんが慄《おのの》いたのは、〈大黒柱〉の前にびしょ濡れの男が、頭の天辺を押し付けるようにして座り込むのが見えるようになったことだった。

母親が祖父の葬儀の朝に言った通りだった。

ただ、父親には、その男は見えていないようだった。

暫くするとその男の姿は、夜だけではなく昼間にも見えるようになった。

黒々とした影のような男は、柱の前にうずくまっていた。

「きっと、うちの先祖は、その柱を祀るという名目で、船に使う縄で結界の中に縛り付けていたのだと思うんです。屋敷が貧しくなったり、枯れて落ちぶれないように、船霊のような役をさせていたんでしょう。でも、僕はそれが怖くて――」

上野さんは、自分の先祖の行いと、父親の変貌ぶりが恐ろしくなって、家も島も出ることにした。

ただ、父方の家の風習に振り回される母親のことが心配だった。

なので、母親とだけは定期的に連絡を取っていた。

しかしある日、電話で話しているときに、〈あの柱〉と呼んでいたはずの母親の口から、〈お柱様〉という単語が出たのを聞いて、もうダメだという気持ちになった。

母親も取り込まれてしまったのだ。

そこで彼は母親にも連絡を取るのをやめた。

上野さんは、現在、家族とともに北海道に住んでいる。

ある日のことだ。会社から帰ると、両親から手紙が届いていると妻に告げられた。

その手紙を読んで、背筋が凍るような思いをした。

書かれた金釘流の文字は、父親のものだとすぐに分かった。

〈後継が生まれたろう、帰ってきてくれんか　不自由はさせんけん〉

彼は男の子を授かったことも、今住んでいる住所も、両親に教えたことはない。

「一回、公衆電話から電話して問い詰めたんですよ。そうしたら、〈お柱様〉が教えてくれたから、って母親が言うんです。僕は興信所か何かを使ったんじゃないかって思いたいんですが、〈お柱様〉が〈お柱様〉がって、繰り返すものですから――」

現在、彼は転職活動をしている。できれば国外に出たいので、英語の勉強に力を入れているのだという。

海に還る

隆さんは現在、関東地方某県で土木作業員として働いている。

聞けば彼の出身は青森県だという。

ある晩、彼と飲んでいるときに、不思議な身の上話を聞かせてもらった。

「俺、もう二度と青森県に戻らないつもりなんです」

何故そんなことを言うのかと訊ねると、彼の一族は、男が漁に出たときに、急に悪天候に見舞われても、助けてもらえることがあるのだと教えてくれた。

聴きながら引っ掛かったのは、「助けてもらえる」と彼が発言した点だった。

一般的に考えれば、そのような命が掛かっているような場面で助けてくれるのは、神か仏などの超越的存在だろう。信仰がある人であれば、そのように表現するのは不自然ではない。

ただ、その少しの違和感は、すぐにアルコールに溶けてしまった。

「――そんな状態で、命からがら助かった後で、何故か背中に目立つアザが浮き出てくるんですよ。皆そうなんです。同じ柄っていうのかな、同じ形のアザですね。大きくて目立つから、プールとか入りたくないんですよ」

何の話をしたかはもう忘れてしまったが、少し雑談をした後で、彼は先ほどの話を再開した。彼も誰かに話したかったのだろう。

そして水難事故から辛うじて助かった者は、何故か十年ほど経つと、皆一人で海に出て行方不明になってしまうというのだ。

悪天候で転覆したというのでもない。ただ毎回沖合に船だけが浮いている状態で発見されるのだという。

ヘリで周囲をくまなく探しても、遺体が見つかったことはない。

陸まで泳ぎ切れるような距離でもないし、周辺で海に落ちた人間を助け上げられるような航路も通っていない。漁協に連絡を入れても、それらしい人物の遺体を海で見かけたとか、引き上げたという報告すらない。

海流に流されたか、海の生物に獲って食われたか。

完全に消えてしまうのだ。

「俺の父親も漁に出たときに悪天候に遭って、奇跡的に助かってるんですよ。それから一年くらいの間で、背中の真ん中にアザが浮き出てきたんです。そりゃ家族は大騒ぎですよね。だって、そんなことを父親から言われてたけど、迷信だって思ってた訳ですから」

不安がった家族の願いで、期間労働をしている土地に腰を落ち着けることにした。

家を建て、家族も呼んだ。要は完全に土木作業員として働くことにして、漁は辞めると決心したのだ。

だから、今、隆さんが暮らしている家は、その父親が建てた家なのだという。

船をはじめとする漁に関する機材などは、全て他の親族に譲った。

隆さんも子供の頃から父親の操舵する船に乗ったり、一緒に釣りをしたりといった思い出があった。将来は父親と一緒に漁師をやろうと考えていた時期もある。

それだけに惜しくも思ったが、言い伝え通り、父親が海に誘われるかもしれないという不安な気持ちもよく分かる。

なので、父親の選択には何も言えなかった。

十年前。隆さんが成人して、暫く過ぎてからのことだった。

毎年毎年、正月には、今年も海に誘われないで過ごせるだろうか。もう安心だろうか、などと言い合っていた。その矢先のことだという。

父親が、突然に故郷へと旅行に出かけると言い出した。

慌てたのは母親である。父親も最初は一人で行くと言っていたが、一緒についていくと言い張る妻を宥《なだ》めることはできなかった。

二人で青森に出かけていった。

まだ雪深い時期である。だが、そんな中、父親は親族の船を勝手に借り、海に出て行方不明になった。

「だから、戻ってきたうちの母は、俺のことも凄く心配してくれてて。少なくとも母親が生きているうちには、絶対に青森には行きませんし、行こうとしたら止めてくれって言ってます」

——そうか。隆さんにもアザがあるのか。

言われてみれば、先ほどプールに入りたくないと言っていた。

訊けば、隆さんも子供の頃に親戚の家に遊びに行って、船遊びをしているときに、急に天気が悪くなって、海に攫《さら》われかけたのだという。

「そのときに助けられたんですよ」

「助けられた?」

「そうなんです。何か分からないけど、何かに助けられたんです」

気付いたら浜辺で呆然としているところを保護された。

それから背中にアザが浮き出てきた。

「ほら、こんな感じです。結構目立ちますよね」

彼は着ているシャツの背中をめくって、アザを見せてくれた。

肩甲骨の下、背中のほぼ中央に、赤く火傷の痕のようなアザが浮き出ていた。見ようによっては島のような形をしている。それが何か意味を持っているのかもしれないが、それは分からない。

「絶対二度と田舎に帰るつもりはないんです。でもね、正直なところ、怖い。やっぱり怖いんです」

ただ、死ぬこと自体は怖くない。

海に誘われて、何処か知らないところに連れていかれるかもしれない。

そちらのほうがよほど怖い。

それが隆さんの抱えている不安だという。

エビス

「死ぬ、消える、終わる、でしたっけ――」

久保田君はそう呟いた後で話し始めた。


彼の幼なじみの安西君は、小学校のときにボーイスカウトに所属していたという。

彼は明るく快活な子供だったが、ある年の夏休みを境に、何かに怯えているかのようなオドオドとした振る舞いをするようになった。それが久保田君には不思議でならなかった。

安西君が変わってしまっても、二人の間では特に変わらぬ友達付き合いが続いていた。

ある日、思い切ってその振る舞いについて安西君に訊ねてみた。

幼なじみが急に人が変わったようになってしまったのが、久保田君にはどうしてもよく分からなかったからだ。

すると、安西君は「これは絶対に誰にも言っちゃいけないんだけどね」と答えるばかりだった。

しかし、久保田君は時折同じように安西君の変化の理由を訊ね続けた。彼が何かに怯えているのは明らかだったし、手助けできることがあれば、友達として助力は惜しまないと思っていたからだ。

それから数年が経ち、小学校六年生の夏になった。相変わらず二人の交友は続いている。

そんなある日、安西君が酷く消耗している様子が見て取れた。

「最近辛そうだけど、どうしたの」

「うん――」

そのまま黙り込んだ安西君の隣に腰を下ろした久保田君は、友人の言葉を待った。安西君は、ぽつぽつと話を始めた。

「実は、最近また変な声が聞こえるようになったんだ――」


数年前の夏休みのことだった。

ボーイスカウトのメンバー十人程と、その家族や指導者達とともに、安西君はある港町へ泊まりがけで旅行に出かけることになった。

旅館に荷物を置いた子供達は、早速海水浴セットを持って海岸へと向かった。

皆で泳いで遊んでいると、魁君という上級生の子がやってきた。彼は班長をしており、やや強引なところがある。

「なぁなぁ。あっちに洞窟見つけたから、探検に行こうぜ」

そんなことを言われて興味が湧いたものの、保護者達からは目の届かない場所に行ってはいけないと言われている。

どうしようかと迷っているうち、半ば強引に手を引かれ洞窟に向かうことになった。

上級生四人の後ろを歩いていくと、確かに海沿いから続く崖に洞窟が見えた。ただ、そこまでは滑りやすい岩を辿っていかねばならない。おっかなびっくり辿り着いた洞窟の中は、高さが大人が手を伸ばしたほどもあった。

足元をフナムシが逃げていく。

どうやら魁君の目的地はこの洞窟の最奥のようだ。だが、ヘッドライトもないのに奥まで行けるだろうか。

不安に思っていると、先頭を行く魁君が立ち止まり、岩壁のほうを指差して大声を上げた。その声が洞窟の中で反射して煩いことこの上ない。

「見ろよ！　こんな所に棒切れが嵌まってるぜ！」

壁には凹みが彫られており、そこに白く乾いた木の枝が嵌め込まれている。

安西君も上級生越しにその周りを見てみると、床に瓶子《へいし》も置かれている。

きっと地元で神様として祀られているものに違いない。

地域の信仰が関係しているようなものには、関わらないほうが良いに決まっている。

もう保護者達のいる浜まで帰りたくなったが、滑りやすいあの岩場を一人で乗り越えていく勇気はなかった。

すると上級生達は、誰がその棒切れを壁から外せるかを競い始めた。

一人一人交代で、足蹴にしたり石を持ってきて叩き折ろうとしたりと、次々に乱暴なことをする。

「次は安西の番な」

魁君が石を差し出してきた。

嫌だと拒絶しようとしたが、先手を打たれた。

「お前、これやらなかったら、スカウトで仲間外れにするからな」

上級生からそう言われると、安西君も逆らうことはできない。

恐怖に涙が出てきたが、仕方なく棒切れに石を打ち付けた。

しかし、棒切れは小学生達の暴挙にも、まるで動じるものではなかった。

「一旦戻って、対策を考えてから夜に来よう」

上級生達はそう言うと、踵《きびす》を返した。

ただの棒切れの、何が彼らをそこまで惹きつけるのか、安西君にはよく分からなかった。

沈む。

だが、きっと自分も夜にはこの場所を再訪することになるのだろうという予感に、気分が

「最後にもう一回！」

そう声を上げて魁君が棒切れに強く蹴りを入れた。彼は空手も習っており、腕っぷしが自慢なのだ。だが、その彼の蹴りにもぴくりともしない。

そのとき、数人が、何処からか声が聞こえたと言い出した。

「今、何か言ったよね」

「聞こえた。魁君がキックしたからじゃないの。ヤバいよ」

「知らねえよ！　俺には聞こえなかったからな！」

魁君の言葉に、何かが聞こえたのは気のせいだろうという話になった。

一行は洞窟を後にした。まだ外は眩しいほどの日差しで、集合時間までひと泳ぎできそうだった。

浜辺に戻ると、案の定保護者達から何処に行っていたのかと叱られたが、洞窟のことは誰も口にしなかった。

「え、行った中で一番年下なのが、安西君だったの？」

久保田君が訊ねると、安西君はバツの悪い顔を見せた。

「うん。実はそうなんだよね。僕より小さい子は指導者とか親と一緒にいたから」

「それで今は年上の子達ってどうしてるの？　中学生か、もう高校生だよね。ボーイスカウト続けてるの？」

そう訊ねると、安西君は首を振った。

「――みんな、事故や病気で亡くなっちゃった。全員が全員、次は絶対自分の番だって言ってから亡くなったらしいんだ」

どうしてだろう。何故自分の番だと分かるのだろう。

「〈むつたり〉って聞こえたんだよね」

「むつたり？」

「六人って意味。聞こえていたの僕だけじゃなくてさ、仲良かった上級生の子は、〈みたり〉って聞こたって言うんだよね――」

旅館で夕飯を食べた。新鮮なお刺身に安西君も満足だった。

指導者も保護者もお酒が入り、皆楽しそうに笑い合っている。

「おーい。お前達は各自部屋に戻って風呂に入れー」

そんな指示が飛んだ。

「それじゃ風呂行くぜ！」

魁君が声を上げると、昼間洞窟へと同行した三人の上級生も、その近くに集合した。魁君が安西君のほうを睨んできたので、安西君も渋々その集団に加わる。

「懐中電灯も買ってきたし、ヘッドライトもあるからな。これで万全だ」

上級生の一人が小声で教えてくれた。

どうやら食事前に、近くの商店で懐中電灯を買っておいたらしい。ヘッドライトはいつも荷物に入っている。

一行は保護者の目を盗んで宿を抜け出すと、再び洞窟へと向かった。


真っ暗な道中、懐中電灯の明かりを頼りに海岸へと向かっていくと、地元の漁師らしき老人とすれ違った。

「お前ら、子供達だけで何処へ行くんだ」

そう声を掛けられると、上級生の誰かが「洞窟探検」と答えた。

老人は「悪いことは言わねぇからやめとけ」と言った。

それに対しては魁君が、昼間も行っているから大丈夫だと答えた。

答えを聞いて、老人は首を振り振り、独り言のように呟いた。

「悪いことは言わねぇからな――」


老人が立ち去ると、先ほど洞窟探検とバラしたのは誰だと一悶着《ひともんちゃく》あった。だが、誰も自分だとは名乗らなかった。

そもそも、それを言ったら不味いであろうことは全員が分かっているはずではないか。

それなら今のは誰だったんだ。

しかし、それよりも、老人が旅館に告げ口をしに行くかもしれないことのほうが重要だ。

時間がない。

急ごう。

五人は急いで洞窟へと向かっていった。

昼間とは違い、真っ暗だ。

懐中電灯やヘッドライトを点けて、黒い波が押し寄せる岩場をおっかなびっくり進んでいく。

洞窟の入り口に到着した。続いて先ほどの棒切れが嵌まっている壁へと向かっていく。

暗い中で、地面が動いているように見えるのは、きっとフナムシに違いない。

姿がはっきりしないと、余計に気持ちが悪く思えた。

「よし、到着！」

魁君が大声を上げた。うわんうわんとした反響が洞窟内に満ちる。

見れば、棒切れは昼間と変わらず、壁にしっかりと嵌まっていた。

上級生達は二人掛かりで蹴ってみたり、拾ってきたガラス片で切ろうとしていた。

一体何が彼らをここまで熱狂させるのだろう。

昼間と同じ疑問が浮かんだが、安西君は怖くてただ見ているだけだった。

だが、そのうち上級生達も、押し寄せる波の高さが上がってきたことに気が付いた。

満潮になると戻れなくなるかもしれない。打ち寄せる波に足を取られると、バランスを崩して転ぶ。そうなれば軽い怪我では済まないかもしれない。

もし夜の海に攫われ沖に流されたら——その先は想像したくなかった。

子供達は口々に、もう諦めて帰ろうよと言い出した。

だがそのとき——魁君が壁に向かって何度目かの蹴りを入れたとき、棒切れが外れた。

彼はそれを手に大声を上げた。

「やったぜ！　見ろよ！　俺が外したんだぜ！」

だが、それを見る他の四人の目には、異様なものが映っていた。

「魁君！　う、後ろっ！　後ろ見て！」

「その棒切れ離してこっち戻れって！」

「早く戻れって！」

そう口々に言われた魁君は不満そうだった。もっと讃えられていいはずだと彼は信じていた。

「せっかく外したんだぜ！　もっと褒めろよ！」

だがその言葉を言い終わらない内に上級生の一人が絶叫した。

「お前の肩に、ぐちゃぐちゃの顔があるんだって！」

そう言われた魁君も振り返って叫び声を上げた。

その瞬間、皆が一斉に走り出した。安西君もそれに遅れまいと走り出した。しかし昼間と違って膝ほどまである波に翻弄されて上手く走れず、どうやって宿へ帰ったかも覚えていなかった。

翌朝、保護者達に起こされたときには、部屋の中から廊下に掛けて、砂混じりの湿った足跡が残っていたと聞かされた。

「ねぇ――うちの魁は？」

エビス

その声にみんなハッとした。

「えっ！　魁君は？」

部屋に敷かれた布団は、一つだけ綺麗なままだ。誰も寝た痕跡がないのは一目瞭然だった。魁君は帰ってこられなかったのだろう。

その日、捜索が行われ、地元漁師さんも捜索に協力してくれた。

安西君達は昨夜のことを、指導者や保護者達に訊かれた。

だが、皆で風呂上がりに浜辺に行った。そのときには魁君はいたけど、疲れて寝てしまったから分からないと口裏を合わせた。

本当のこと言えば、こっぴどく怒られるのは明らかだったからだ。


「おーい！　エビスが上がったぞー！」

外からの声に、大人達が飛び出していった。安西君達もその後に続く。

船から下ろされたのは、二つの布に包まれたものだった。

「子供なのに可哀想になぁ。頭がえぐれて、首はスッパリ刃物で切ったみたいに綺麗な傷跡だった」

「でも見つけたとき、エビスさんは、まるで自分の頭を脇に抱えてるみたいだったってな」

そんな声が漏れ聞こえてきた。

魁君の母親は警察官と何やら話していたがその内に泣き崩れた。

あの布に包まれていたのは、魁君の頭と胴体だった。

この地方では、水死体のことをエビスと呼ぶらしい。


「それから、僕も他の上級生も、同じ悪夢を見るようになったんだよ」

その悪夢とは、自分があの洞窟に立っている夢だ。

木の枝の嵌められた壁の前には瓶子が置かれ、その前に何人もの遺体が寝かされている。

一部は全身が浮腫《むく》んで膨れ上がり、一部は何かに食われたかのように肉が欠損している。

きっと海で亡くなった人――エビスだ。

そこにぐちゃぐちゃに顔を潰された怪物がやってきて、自分のほうを見て言うのだ。

「むつたり捧げよ――」

安西君は、その合宿のあった翌年の夏休みに、洞窟での話やそのときに上級生が亡くなったことを祖母に打ち明けた。

祖母は、安西君をじっと見て言った。

「大丈夫。ばぁちゃんに任せて」

確かにその日以来、悪夢を見なくなった。

「でもね、今年の春に、ばぁちゃんが死んじゃったんだ。朝起きたら首にナイフが刺さっててさ。それで、死んじゃってからあのときに聞いた声が最近またするんだよ。むつたり捧げよって」

魁君を含めた上級生四人と安西君の祖母の合計五人が既に亡くなっている。

「久保田君。むつたりって六人てことだって言ったでしょ。だから次は絶対、僕の番なんだよ」

僕が死なないと終わらないんだ——。

久保田君にそう話してくれた帰り道に、安西君は追突事故に遭い、首から上が潰れて亡くなったという。

「死ぬ、消える、終わる、でしたっけ」

久保田君はやりきれない表情でそう繰り返した。

山神

ブレーキをメンテナンスされていない自転車が、キーキーと音を立てながら頭の中をぐるぐると何周もしている。

何て騒がしいんだ。今すぐその金属の軋《きし》む音を止めてくれ。機械油を注すくらいできるだろう——いや、こんな山の中を自転車が走っているはずはない。きっと猿のようなものが音を真似ているのだ。

意識が戻ると、葉山さんの全身は熱に包まれていた。

——夢だったのか。

どこもかしこも痛い。寒気もある。多分熱が三十八度を超えている。だるいを通り越してつらい。立ち上がることもできない。

周囲は真っ暗だ。すぐ近くの叢《くさむら》から、盛大に虫の声が響いてくる。夏の終わりだが、山では季節が足早に巡っていく。

あのとき、水の流れに飛び込んだのは間違いだったのだろうか。それとも逃げ切ることができたのだろうか。

朝早くから出かけた趣味の山歩きで道に迷った。自分の感覚では、山深くまで分け入ったとは思えなかった。ただ、予定していたハイキングのルートからいつの間にか外れていたようで、気が付くと暗い木々の底で途方に暮れていた。

慣れた山だからと、気を抜きすぎていた。

迷ったら今来た道を戻れば良いという単純な話なのだが、山の中ではなかなかそれが難しい。

あちら側から見た光景と、こちら側から見た光景も違うし、光の加減でまるで風景が違って見えてしまう。特に植林された杉林は、似たようなまっすぐな木立が並んでいて、方向感覚が狂わされる。

迷宮の中に一人取り残されたようなものだ。

——こちらだろうか、それともあちらだろうか。

いや、迷って適当に進むのは不味い。

その時々で気まぐれで判断を変えていたら、辿り着けるところにも辿り着けなくなる。

たとえ遠回りだったとしても、愚直に尾根を目指すべきなのだ。そうすれば、必ず登山道か何かに辿り着ける。

ただ、それを行うための携行食は心許なく、山の奥には熊も出る。

熊に遭ってしまったら——。

過去の熊災害の報道を思い出し、心が萎えていく。

だが、ここで立ち止まっていても、状況が良くなることはない。

絶望感を引きずりながら、それでも杉の間を注意深く歩いていく。何処かで人が立ち入った痕跡が見つけられれば、それを辿って林道まで出られるかもしれない。その希望に縋りつきながら、とにかく前へ前へと進んでいく。植林されているのだから、人が足を踏み入れているのは確実なのだ。だから、ここはまだ人間の領域で、人里の延長に当たる。

そう自分に言い聞かせる。

まだ時刻は昼過ぎだが、森の底は暗い。

セオリー通りに尾根に向かって歩いているつもりだったが、恐らく蛇行し続けて、想定しているよりも、更に山深いところにまで来てしまっている。

沢があれば、それを辿っていくこともできるのだが——。

葉山さんはそのとき、視線のようなものを感じた。

山の中で気を張り詰めながら過ごしていると、見られているという感覚に敏感になるのだろう。

猿か何かだろうか。それとも鳥か?

どちらにしろ禽獣《きんじゅう》の視線に違いない。

頭を上げて周囲を観察すると、一際太い杉の根元にそれがいた。正確には、いた、というのは誤りだ。最初は何かが置かれているように思えた。それの半分程を苔が覆っていたからだ。

大きさとしては、ボーリングのボールほどだろうか。

そんな丸いものが五つ連なっている。植物の根が偶然そのような形になったのかとも思ったが、興味を持って観察すると、それは石造りの顔だということが分かった。

お地蔵さんの頭部のようなものだ。それが連なっている。

人工物だ。

良かった。これで助かる。

葉山さんは、まずそう考えた。

誰がこんなものを置いたのだろう。かつては何かの信仰があったのかもしれない。

過去にこの石仏のようなものが信仰を得ていたとするならば、必ず近くに道、又は集落の跡があるはずだ。

どちらにしろ、山から抜け出すためのルートを得るためのヒントぐらいにはなるだろう。

集落の跡であれば、屋根さえあれば、最悪雨が降っても一晩過ごすこともできるかもしれない。

もう少し高いところから地形を見てみたい。彼はそう思って足を踏み出した。

すると、背後でガサと落ち葉を踏むような音が聞こえた。

野生動物だろうか。猪、ましてや熊などがいたとしたら――。

全身から汗が噴き出る。

慌てて振り返ると、先ほどの石仏から何本もの、細くて真っ黒な腕のようなものが生えていた。

まるで蜘蛛《くも》かザトウムシかのような細い腕だが、それがうねうねと動いている。そして、その先には、幼児ほどの大きさの人間の手が付いている。それが、握ったり開いたりを繰り返している。

蟲の集合体にしたって、大きさが尋常ではない。

その悍《おぞ》ましさに、葉山さんは慌てて踵を返した。

この場から早く立ち去らないと。

ただ、それを見た瞬間に禍々しさに意識を持っていかれそうになったのだ。

逃げないと。逃げないと。

足を踏み出せ。前に前に。

背後からは何かが近付いてくる気配が伝わってくる。

何故かその正体を確認したいという気持ちが湧き出した。確認を取りたいが、先ほどの石仏の頭に腕が生えたものが追いかけてきているのだとしたら、それはこの世のものではないだろう。

山には人智を超えた何かがいる。何かがいるのは理解している。

それに関わりを持ってはいけない。

だが、見たい。どうしても確認したい。知りたい。

そう思う理由はよく分からない。一目散に逃げ出したのに、何故こんなにも惹かれるのか。

転ばないように、足を挫《くじ》かないようにと注意を払いながら足早に進んでいく。

その途中で、かつて自分を山歩きに誘ってくれた老ハイカーが繰り返し教えてくれた言葉を思い出した。

山からすれば、こっちが異物だ。だから、関わりを持とうとするな。見ようとするな。知ろうとするな。

その言葉はもっともだと思う。思うのだが——。

葉山さんは、欲望に打ち勝てなかった。

立ち止まって、振り返る。

振り返ると、五つの頭と目が合った。まるで糸を通した数珠のように全て連なっており、それが横一列になってこちらを見ている。全ての頭部から腕が生えており、それで地面を這いずっている。

ただ、苔むしていた頭部は、今やどれも暗褐色をしており、先ほどの何処か平穏ささえ感じられた石仏のような印象とはまるで違っていた。

しかもその全ての顔が邪悪な笑みを浮かべている。

釣り上がった口角、下がって皺のよった目じりから、残忍な愉悦が伝わってくる。

――捕まったら食われる。

葉山さんは恐怖に飲まれ、泣き出しそうになった。

欲望に打ち勝てなかったことを、こんなに後悔したことはない。

今なら熊に出くわしたほうがまだマシだ。そのほうがまだ納得できる。

あんな得体の知れないものに生きたまま腑《はらわた》を貪り食われるのは嫌だ。

せめて――逃げねば。

もう夜が近付いてきていた。上空を見上げれば、夕焼けに色が染まり始めた青空が見えるが、足元は真っ暗だ。

さく、さく、さく。

背後に張り付くようにして、あいつが追いかけてくる。

あんな細い手で、どうしてついてこられるのか。

果たして何処まで追いかけてくるのだろう。

体力が尽きかけ、諦めが心を支配しようとしたとき、水の音が聞こえるのに気付いた。

何処かに沢があるのだ。

もしあいつが水を渡れないとしたら——そうだ。石造りの地蔵の頭のようなものではないか。きっと水に沈む。沈んでくれ。

水音を目指して斜面を滑り降りていく。

立ち枯れた木の幹や、枝葉が折り重なり、進みづらいことこの上ない。

だが、白く飛沫を上げているのは確かに水の流れだった。

南無三！

葉山さんは水に飛び込んだ。

きっと逃げ切れたんだよな。

だが、今は発熱で全身の震えが止まらない。

水に飛び込んだときに、渓流の水を飲んでしまったのか、腹の調子も悪い。

背にしていた荷物は全て流れてしまっており、もう手元には何も残っていない。

携行食で糖分を摂取できれば、少しでも体温を上げられるのだが、手元にないもののことを思っても徒労だ。

暖を取ることもできない。季節がまだ夏だったことが、不幸中の幸いだ。凍死はないからだ。

耐え難い頭痛と、全身の痛みに、震えながら岩の陰で丸くなっていると、上流のほうから音が聞こえてきた。

ぺた。ぺた。ぺた。ぺち。ぺち。ぺち。

岩の表面を、沢山の手のひらで叩いているような音だ。

何かを探っているようにも思えた。

音は次第に岩の上のほうに向けて移動していく。

——手のひら？

こんな夜中に誰が。

その瞬間飛び起きた。あれが追いかけてきたのに違いない。

だが、次の一歩が踏み出せなかった。

三半規管がおかしい。

ぐるりと視界が回る。そのまま膝を突いてしまった。

逃げないと。

気持ちだけが焦るが、身体が動かない。

その背に、腰に足に、小さな手のひらが絡み付いた。冷たい手だった。全身を這うようにして、無数の手が上へ上へと移動していく。

声を上げて身をよじっても、振り解くこともできない。

生きたまま臓腑《ぞうふ》を貪り食われる恐怖に、葉山さんは大声で謝り続けた。

だが、首の後ろに触れた指先の冷たい感触が、葉山さんの最後の記憶だという。


翌朝、葉山さんは救急搬送されている最中に意識を回復した。

指の先が痛い。そう思ったが、すぐにまた眠りに落ちた。

入院は二週間に及んだ。

後日、周囲に確認すると、彼は登山道の入り口に荷物もなく、泥だらけになって倒れていたらしい。

全身がびしょ濡れで、声を掛けても反応せず、高熱を出していることや、全身が擦り傷だらけということもあり、救急搬送されたのだという。

何故、彼が登山道の入り口にまで辿り着けたのかは、本人をはじめとして、誰にも説明できなかった。

また、彼の両手の爪は何が理由か全て剥がれており、左手の人差し指と中指の二本は凍傷で壊死していた。

夏の終わりに凍傷になった理由については、医師も首を傾げるばかりだった。

こちらも今に至るまで理由は不明だという。

カベッサ・エハンチ

国内でも有数の商社に勤める金井さんという男性から寄せられた話である。

彼は海外派遣社員として八年目だ。その彼がブラジルの北東部を、地元出身のガイドと回っていたときのことだという。

有用植物や果物などを探す仕事では、地元のガイドを雇うのは必須だ。勿論、ただ地元に詳しいというだけでは不足で、ガイド協会に所属していなくてはならない。身元の保証がされていないと、事件に巻き込まれたりもするからだ。

そのときに雇った人物は、カルロスという四十代の男性だった。ラテン系にしてはよく働くし、気も利く。カルロス氏は所謂《いわゆる》〈当たり〉のガイドだった。金井さんも仕事を安心して任せられると喜んでいた。

しかし、その彼が突然辞めると騒ぎ出した。

勿論契約の途中である。だが、このような事態に直面したことは一度や二度ではない。

まずは理由を聞こうとカルロス氏を呼んで、一体、何があったのか、と、問いただした。

彼は最初、だくだくと冷や汗をかきながら、口をつぐんでいた。

やたらと大きな目が、キョロキョロと不安そうに周囲を見回す。

金井さんが、何か恐ろしいことでもあったのかと訊ねると、彼は何度も頷いた。

「森の中から、忌まわしい化け物の笑い声と叫び声が聞こえてきたんだ」

彼は手で顔を覆って、首を左右に振った。

一体何を怖がっているのかは分からないが、彼にとって相当の恐怖だということは伝わってくる。

金井さんは、海外でも迷信深い僻地《へきち》での生活が長い。なので、現地の人間がこのような状態に陥ると、もはや仕事が進まないということをよく知っていた。

だからといって、嫌がる者に仕事を強要することもできないし、仕事自体を諦めるということもできない。

このような場合、基本的にはガイドを引き受けてくれる人物を紹介してもらい、仕事を引き継いでもらうことになる。

「カルロス。それなら引き継ぎのできそうな他のガイドを紹介してほしい」

そう頼むと、カルロスは首を振りながら嗚咽し始めた。

「――そんな恐ろしいことはできない。苦しい結末が起きるに決まっているからだ」

交渉は決裂ということになる。

「分かった。カルロス。とりあえず君は落ち着くまで休んでいてくれ」

金井さんはそう声を掛けた。


——こりゃ、参ったな。

協会に連絡をして新たにガイドの手配をするとなると、暫くこの地で足止めになってしまう。

近くの大きな都市まで戻ることも考えなくてはならない。

金井さんが頭を抱えていると、現地のホテルで荷物運びをしていたホルヘという青年が声を掛けてきた。

「カナイ＝サン。カルロスがガイドを辞めて困っているのなら、自分を雇ってくれないか。自分は、カベッサ・エハンチなんて信じていないし、怖くもない」

「カベッサ・エハンチ？　それは何だ？」

ホルヘは金井さんの質問に、この地域で信じられている化け物の名前だと答えた。

金井さん自身は、そのような迷信は一切信じていない。だが雇ったガイドが何を怖がっているのか興味があった。今後、人を雇う際にも知識は持っていたほうがいいだろう。

そう考えて、もう少し詳しい話を教えてくれと頼んだ。

すると青年は、その化け物についての詳しい話を教えてくれた。

それによれば、カベッサ・エハンチは、別名〈悪魔の頭〉と呼ばれる化け物で、美しい女性に化けて、夜の街中や人気のない静かな場所を彷徨《さまよ》い歩いているという。

その容姿に惑わされて声を掛けると、いきなりストンと首が落ちる。首は狂ったようにゲラゲラと笑い出し、何か大声で叫びながら跳ね回るという。

「それでね、カナイ＝サン。カベッサ・エハンチに遭うと呪われる。それで酷い死に方をする。皆そう信じている。でも自分は信じてない」

だから雇ってくれ、ホルヘはそう言った。

しかし、申し出はありがたいが、ガイドは協会を通じて雇うというのが会社の方針なので、急に言われても、はいそうですかと雇う訳にはいかない。

金井さんは事情を説明し、カベッサ・エハンチのことを教えてくれてありがとうと、心ばかりの金をホルヘに渡した。

「金井さん、一体何を持ってるんですか」

中西さんというスタッフの一人が声を掛けてきた。彼らにはカルロスが怖がってしまって、代理のガイドを探すまでは足止めになったと伝えてある。

「いや、ね。セニョールはいい人だからって、ホルヘからお守りをもらったんだ」

「へぇ。見せてもらっていいですか」

かなり使い古された、麻でできたクシャクシャの小袋の中に、小指ほどの長さの箒と、男女の人形が入っている。

「これを持っていろって。あいつ自身は信じていないけど、カルロスがしつこく〈悪魔の頭〉が近くにいるって言うから、あげるってさ」

「これ一つでカルロスが働いてくれるなら御の字ですが、同じものは何処かで買えないいんですかね。何なら全員分買い揃えれば、カルロスも納得しないかな」

「お母さんにもらったものらしいからなぁ。まぁ、とりあえずはここに滞在して、ダメなら一度出直しだ」

今までに同じようなことは何度かあった。中西さんが提案したようなことをすると、後々揉めたりする。引き返せない場所でトラブルになるのは避けたい。

信じる訳ではないが――そう思いながら、金井さんは、そのお守りをジャケットの内ポケットに入れた。

ホルヘは地元で生まれ育った青年で、愛想も良く、よく働いた。もし彼がガイド協会に所属していたら、一も二もなく雇っただろう。

残念ではあるが、ルールはルールだ。

足止めを受けてから五日目の夜を迎えた。そろそろスタッフにも落ち着かない気持ちになってくる者が出る頃合いだ。

とりあえず全員で揃って食事をしようと、約束をした。

金井さんも、そろそろ本格的に戻るかどうかを検討しなくてはならない。

スタッフ側は金井さんと中西さん、あともう一人のアシスタント。それと現地での荷物運び担当のホルヘである。

だが、待ち合わせをした時間になっても青年は姿を見せなかった。

「家にいて忘れてるんじゃないですかね。もしかしたら何か事情があるのかもしれないから、とりあえず迎えに行きましょうか」

中西さんがそう提案した。

スタッフは皆、青年の自宅を知っている。ホテルからもすぐだ。それなら迎えに行こうかということになった。

懐中電灯を持って歩く。

石壁に挟まれた細い道を、談笑しながら歩いていく。そのとき、アシスタントの子が声を上げた。

「あれ?」

数メートル先の石壁を指差した。

「おい、ホルヘじゃないか、あれ」

金井さんが、指差された右側の石壁に懐中電灯の光を向ける。すると石壁の上から、青年がいつもの笑顔でひょっこり顔を出している。

どうしたんだと声を掛けようとすると、青年の口が開いた。

「ヴェンハ　ラピダメンティ!」

早く来いよと言って、彼は大きく手招きし、突然ゲラゲラ笑い出して、石壁の向こう側に姿を隠した。

「何だ、あいつは!　悪ふざけなやっちゃなぁ!」

中西さんは口を尖らせた。

だがそのとき、金井さんは奇妙な感覚に襲われた。

全身の毛がざわざわと立ち上がっていくような感覚。

足が竦《すく》んでいる。

おい、あれに近付くな。

そう声を掛けようとしたが、口は開いても声が出ない。

そうしている間に、中西さんが石壁まで走っていって青年を探した。

「ここにはもう誰もいないですよ！」

中西さんは、もう飯は俺達だけで行ってもいいんじゃないですかと、完全に臍《へそ》を曲げている。そもそも食事の時間が大幅にずれ込んでいるのだ。

「まぁまぁ中西さん、ホルヘの家も、もう目と鼻の先じゃないですか。とにかく、あいつを連れ出して、飯に行きましょう」

そう言って宥めた。

先に進んでいくと、彼の家の前に近隣の人々が集まっている。

不安そうにしている一人に、何かあったのかと訊くと、カベッサ・エハンチがこの家の息子を殺したのだと答えて、そそくさと去っていった。

「おいおい、待ってくれよ――」

ホルヘは、家の前で亡くなっていたのが発見された。それも死体には首がなかった。

金井さん達は、そのまま、何も食べずにホテルに戻り、眠れない朝を迎えた。

たとえ数日とはいえ、ホテルで準スタッフのような立場で色々と手伝ってくれたのだ。

その青年が殺人事件の被害者になってしまった。

ホテルからは、ホルヘは仕事を辞めてしまったので、別の者を用意すると連絡を受けた。

——出直しだな。チケットを取って一度社に戻って体勢を立て直そう。

金井さんはそう決めた。早ければ今日、遅くとも明日にはここを発つことにしよう。

彼は、ぼんやりしながら、ジャケットを着替えようと胸ポケットに入れておいたお守りを取り出した。

ホルヘから渡されたお守りだ。

このお守りを彼自身が持っていたのなら、もしかしたら彼は殺されずに済んだのかもしれない。

いや、ただの偶然だろう。事件は警察が解決してくれるはずだ。

粗末な麻袋の中身をテーブルの上に出してみる。

小さな首が、ぽろっと転がった。男の人形の首だった。

あれ。

袋に指を突っ込んで、中身を引っ張り出す。

女性の人形と箒は、元のまま。

男の人形の胴体。

いつの間にか、人形の首が折れていた。

金井さんは、持ち歩いているうちに、何かのタイミングで折れてしまったんだろうと、思い込もうとした。

偶然だ。そんな都市伝説のような怪物は存在しないし、それを避けるためのまじないも迷信のようなものじゃないか。


食堂に顔を出すと、先に来ていたアシスタントの子が、青褪めた表情で金井さんに駆け寄ってきた。

「中西さんが――!」

一体何が起きたのかと訊ねてみると、スタッフの中西さんが、あの石壁の向こうで遺体で発見されたという。

しかも首を斬られて、彼の頭部はまだ見つかっていないのだという。

更に詳しく情報を聞くと、第一発見者はホルへの母親で、警察には〈悪魔の頭〉がやったんだ。昨日、息子も〈悪魔の頭〉に呪い殺されたんだと繰り返しているという。

渡しておいたお守りがなくなっているから、〈悪魔の頭〉に襲われたんだ。あの子がお守りを手放すはずはないから、誰かが奪ったに違いない――そんなことを泣き叫んでいたという。

その後、金井さんは警察に事情聴取を受けたが、ホテル側が、金井さんとアシスタントはホテルを出ていないと証言してくれた。

「こういう仕事をしていると、心底から化け物の存在を信じるなんてことはできないんですよ。でも、不思議なことっていうのは確かにありますし、あのとき、お守り袋の中で、男の人形の首が折れていたのは、僕の中では、ただの偶然とは思えなくなってるんですよ。お守りって、自分の代わりに難を受けてくれるって言うじゃないですか。だから、きっとあのときは、自分も本当に危なかったんだなって――」

金髪美女

とある市内で囁《ささや》かれている噂だという。

「通っている幾つかの病院で共通してるんですよね。誰か一人が噂の発信源とも思えなくて、気持ち悪いんです」

桜さんは持病で市内の大きめの病院に定期的に通っている。一つの病院で済めばありがたいのだが、残念ながら離れた複数の病院にお世話になっている。

病院では顔見知りの患者同士が話を交わすことも少なくない。同じ病気であれば尚更だ。病気についての情報を交換できるし、趣味が共通なら、それらの話に興じることだってある。

桜さんは元々人懐こい性格ということもあり、行く先々の病院に知り合いがいる。

「それで、この話、どうにも伝染するらしいんです。それでもいいですか？」

彼女はそんな脅かすようなことを言ってから、次のような〈噂話〉を教えてくれた。

佐島さんという還暦を迎えた男性が、とある大学病院に一カ月ほど入院していた。その間に奇妙な体験をしたのだと触れ回っていたのを耳にしたのだという。

彼が夜、男性病棟の六人部屋で寝ていたところ、枕元に何やら気配がする。巡回の看護師かと目を開けると、どうやらドレスを着た女のようだ。

病院には全くそぐわない装いに、これは夢だろうかと訝しんだ。

次第に目が慣れてくる。その女性がぼうっと光っており、身に着けているのは赤いドレスと理解できた。そして、その顔立ちがどうにも日本人ではないのだ。髪も金髪である。

改めて見ると、見惚れるほどの美人だ。

金髪の外人美女の幽霊か？　そんなものが片田舎の病院に出るのだろうかと警戒していたのだが、その幽霊が着ていた赤いドレスを脱ぎ始めた。

おいおい、何がどうなっているんだ。

彼女は全裸になり、布団の中に入ってきた。

甘い香りがして、脳髄が痺れるような感覚を覚えた。

だが、佐島さんは流石にこれは倫理に反する。これは不味いと声を上げた。

「ノー！　ノーッ！」

英会話など一切できない。だが、イエスかノーぐらいは分かる。

彼は顔を何度も横に振って、断固として拒絶するという意思を示した。

すると、女性は渋々といった様子で病室から出ていった。

「おい、待ちなさいよ。服着なさいよ、服！」

全裸で病室を出ていく金髪女性に慌てて声を掛けるが、彼女は振り返りもせずに廊下へと去っていった。

佐島さんは一旦起き上がり、ベッド脇に落ちているであろう女性のドレスを探した。

だが、跡形もない。

まぁ夢なのだろう。

佐島さんはそう自分を納得させることにした
こんな入院をしているから、欲求不満なんだろう。そう嘆きながら横になった。


翌日目が覚めて改めて思い返すと、やはり昨晩起きたことは色々とおかしい。

そもそも彼は今までの人生で一度も幽霊というものを見たことがない。

そう考えるとやはり夢なのだろう。

だが、俺は夢を見ながらまた布団に入って寝た覚えがあるぞ。

寝る夢というのも見たことがない。

そうなると、やはり幽霊だったのだろうか。

百歩譲って幽霊だとしても、金髪で、全裸というのはどういうことだ。

ええい、こうなったら自棄のヤンぱちだと、同室の入院仲間達に昨晩の体験を打ち明けた。するとその話をした翌朝に、同じ部屋の二十代の男の子が、昨晩その幽霊が来たと報告してくれたという。


「ここまでが、私がその大学病院に入院しているときに、女子部屋で聞いた話です」

女子部屋では、その外人の女性がベッドのところに来た人は、翌日必ず高熱に魘されるという話になっていた。集団幻覚か何かではないかという話も出ていた。

「それで、この話と全く同じ話を、市民病院に入院していたときにも聞いたんですよ」

同室の女性達から教えてもらったという。

ただ、入院していた男性は別の人物だった。

藤澤という四十代の独身男性だ。

「この藤澤さんは、他の部屋の人も見たと言っていたらしいです。全く同じ話が別の病院で噂になってるって、おかしいじゃないですか。だから興味を持って、色々と聞いてみたんです」

桜さんはそう言って、病院に見舞いに来た人にも話を聞いてみたらしい。すると、入院中に、外人の女性がやってくるって話には聞き覚えがある——という人に辿り着くことができた。

その話を教えてくれた女性は、旦那さんが長期の入院をしている。お願いして実際に話を聞かせてもらうと、彼と同室になった藤澤という男性が、同じ話をしていたという。

しかも、同様の話をした中には、原因不明の発作や容体の急変によって亡くなっている人が何人もいるらしい。

皆、金髪美女を見たという話をした翌日のことだ。

「それで、これは女の人に言うのもアレなんだけどさ——」

旦那さんは桜さんにそう前置きして続けた。

「もしかしたらさ、その外人美女と寝ちゃったんじゃないかって、男性部屋でもまことしやかに噂されてるんだよ。その女が来たら全力で断れって言われててさ。いや、俺のところには来たことないよ」

旦那さんは奥さんのほうを向いて、弁明するように繰り返した。

「——とまあ、現状そんな話なんです。金髪美女を見るのは男性限定ですね。もし、感染しちゃって、それが現れたら是非教えてくださいね。私も引き続き調査します」

桜さんはそう言って、笑顔を浮かべた。


その取材から暫く経った。幸いなことに、金髪美女は現れなかった。

ある日、桜さんから続報が入った。

「別の病院ですが、まだ続いているみたいです」

その日、彼女が足を運んだ病院の食堂で、七十歳を超えているであろう老人が仲間と話していた会話を耳にした。

全員が移動式の点滴スタンドを横に立てているので、入院仲間なのだろう。

「俺の部屋にも出たらしいぞ。佐藤っていう若いのが見たってよ」

声を潜めた深刻な口調に、一体何を見たのだろうと引きつけられた。

「ちゃんと断ったんだろうな」

「いや、はっきり断ったって言わねぇんだよ」

「ああ、それじゃあ——」

「長くないかもしれない」

老人達は頷き合っている。

「やっぱり赤いドレスなのかい」

「そうらしい。金髪のな」

例の話だ。

桜さんは気付いた瞬間に大きな衝撃を受けた。

果たして噂は市内の何処まで広がっているのか。

その金髪で赤いドレスを着た美女は、一体何者で、どうして入院患者の元に現れるようになったのか。

理由は分からない。

いつ始まったのかも分からない。

そもそもドレスを着用した金髪の女性が関係していそうな土地ではないのだ。

今はその土地で流通しているだけの噂だが、一切理由は分からない。

そして桜さんが翌週病院を訪ねてみたところ、佐藤さんは既に亡くなっていた。

ミツマタ

「これからクズの話をします」

京子さんの語気の強さに当てられ、何度も頷いてしまった。

そのクズの名は、龍雄というらしい。一九七四年生まれで二〇二三年に故人となっているという。享年は四十九歳となる。

「この人は、うちの姉の元旦那、だから私から見たら義理の兄ということになるのですが、人間として大事なところのタガが緩んでいるというか、人としてダメというか、人と呼ぶのも烏滸《おこ》がましいというか――」

彼が、全てを持っていってしまったのだと、京子さんは涙をぽろぽろ溢した。

龍雄氏は二十四歳で京子さんの姉、彩花さんと結婚した。彩花さんとの間には、子供が四人いるのだという。子供は現在、一番上の子が二十五歳、続いて二十一歳、十九歳、そして一番小さい子が十四歳だ。

「姉は今年、そのクズに呪い殺されたんです。四人の子供のうち、未成年の二人は今、うちの両親が引き取って面倒を見ていますが、その子達にも何かあったらと思うと、今だって気が気ではないんです」

呪い殺されたとは穏やかではない。

現代の法律では呪いの存在は否定されている。京子さんは、何故呪い殺されたという考えに至ったのだろうか。

こちらがそんな疑問を心に抱いていることを見透かしたのか、京子さんは、ハンカチで涙を拭って言った。

「クズは死んでもクズなんです――」


結婚した頃、彩花さんは高校で教師をしていたが、龍雄氏は転勤族で各地の支所を転々とする生活だったという。彩花さんは地元での仕事があるので、龍雄さんの転勤先にはついていく訳にいかなかった。

だが、二〇二〇年、龍雄氏が四十六歳のときに転機が訪れた。彼は彩花さんと結婚した状態のまま、福岡と広島の二箇所に現地妻を作り、それぞれに子供を産ませていたことが発覚した。

時系列で状況を整理すると、まず龍雄氏は、二〇一三年、三十九歳のときに福岡へ転勤が決まった。彩花さんは高校の仕事があるため地元に残り、龍雄氏は単身赴任で現地へと赴いた。

だが、転属から二カ月程した頃に、彼は部下の女性と身体の関係を持った。

女性が妊娠したため、龍雄氏は彼女と結婚するという話になった。

言うまでもなく、彼には既に妻がおり、子供も四人いる。

だが、彼は婚姻届を提出しないまま関係を続けた。子供も生まれ、福岡でこの女性と子供との三人で新婚生活よろしく同居生活を送っていた。

女性は同じ会社に勤めていたが、産休と育休を取り、実質出社はしていなかった。

ただ、龍雄氏が婚姻届を出していない点などについては気付いていた節がある。

この間、彼は月に何度かは地元に戻っては、彩花さんと何食わぬ顔で生活をしていたらしい。

そして福岡での勤務を続けた三年後に、龍雄氏の再度の転勤が決まった。次の転勤先は広島だった。

子供もまだ幼く、女性の実家も福岡にあるということで、彼は再度単身赴任を選んだ。

二〇一六年。彼が四十二歳のときに広島へ転勤となった。

ここでまた彼は現地妻を作ることになる。

気の合った取引先の受付嬢と何度かデートを重ね、気付けば内縁関係になっていた。受付嬢は妊娠を機に退職し、二〇二〇年までの間に二人の子供を授かっている。

この間も彩花さんは、子供達とともに龍雄氏の赴任先を訪れることもあったというが、福岡でも広島でも、それぞれアリバイ用として別のアパートを借りていた。

彩花さんとは、そこで過ごしていたとのことである。

しかしここから雲行きが怪しくなる。

広島に彩花さんが訪れた後で、借りていたアパートの一室に、未成年者らしき女性を連れて帰っている人物がいると、同じフロアの住人が不審に思って通報したことが切っ掛けで、龍雄氏の状況が白日の下に晒されることになった。

アパートの部屋を契約している龍雄氏は、警察から未成年者略取容疑に対する任意の捜査協力を要請されることになったのだ。

無論、本人には全く身に覚えはない。実際、未成年者略取に関しては、成年である彩花さんに対しての通報者の勘違いだったことが判明し、事件性はないとの結論が下されている。

ただ、会社側に在職確認のための連絡が入ったことなどから、別宅があったことが周囲に知られることになった。

警察からは妻である彩花さんに連絡が行き、またスマートフォンに登録されていた電話番号や無料通話アプリにおけるやりとりのログなどから、関係性の確認のために福岡の女性に対しても警察から連絡が入った。

結局、龍雄氏は会社を解雇され、更に三人の女性から、慰謝料等に関して民事訴訟を起こされることになった。

三人の女性は、同じ男性から裏切られていたという経験を共有していることが理由なのか、時々連絡を取り合うような関係になったらしい。

よく彩花さんの元にも相談のメッセージなどが届いていたという。


一方で龍雄氏は無職となり、慰謝料どころかそれぞれ三人の女性とその子供達への養育費も支払うこともできずに、二〇二〇年十月に遺書を残して自死したのだという。

京子さんは、カバンの中からクリアファイルを取り出した。

「これ、見ていただいていいですか」

封筒の表に、小さく几帳面な文字で、〈遺書〉と書かれていた。

中から手書きの便箋を取り出すと、そこには身勝手この上ない文言が並んでいた。

『俺だけ苦しむのはおかしい』

『お前ら全員必ず道連れにする』

『俺を解雇した会社も呪ってやる』


「この遺書、どう思いますか?」

大変身勝手で、酷いものだと思うと伝えると、京子さんは、深く深くため息を吐いた。

「そうですよね。それで——ここからが呪いの話なんです」


龍雄氏が自殺して、暫く経ってからのことだという。

彼が勤めていた会社の本社で、会議室の前に立っている彼の姿が目撃されるようになった。中にはエレベーター内で乗り合わせたという人もいた。

これは今でも続いているのだという。

そして彼が自殺してから一年後の命日に、福岡の女性と子供がハンドル操作を誤った社用車に跳ねられた——という連絡が彩花さんの元に届いた。二人とも即死だった。

耳を疑ったが、どうやら本当のようだ。

後に葬儀に出たときに耳にしたが、事故を起こした社用車は、生前に龍雄氏がほぼ専用として使用していた車だったという。

更に翌年の命日。次は広島の女性がマンションから転落死したと連絡が入った。遺された子供も小さい。

彩花さんも葬儀に出たが、この頃から彼女は、次は自分の番ではないかと周囲に漏らすようになっている。

龍雄氏が自殺してから三年が経った。

彼の命日に、彩花さんは自宅のガレージで、車のドアとガレージの壁に挟まれた状態で死亡していた。それは帰宅した長兄によって発見された。

彼女が職場から車で帰宅し、バックで車をガレージに入れようとした際の事故だった。ドアを開けて顔を外に出した状態で、後方を確認しながら、誤ってアクセルを踏んでしまったことが原因の可能性が高いと、現場検証を行った警察官が証言している。

「三人の命だけじゃないですよね。子供だって一人殺して。クズは死んでもクズ。俺だけ苦しむのはおかしい――じゃないんですよ。遺された家族はもっと苦しいのに――」

きっとこれからも龍雄氏の呪いは続く。

彼は家族にいつまでも苦しみを与えるのが目的だろう。京子さんはそう考えている。

黒い部屋

「いつものことで申し訳ありませんが、先生に関しては、再取材等は不可ですし、今回も場所を教える訳にはいきません」

とある工務店に勤める田中という男性は語り始めた。先生とは設計事務所の設計士であり、また目に見えないモノを操る人物だという。

田中さんとは何度も顔を合わせたことのある仲だが、先生絡みの話を伺うことは滅多にない。だからこそ、こちらにも力が入る。

「この話は、先生の師匠の頃から続いている話でしてね。師匠亡き後、先生が後を継いで、現在にまで至っていると、まぁそういうことのようです――」

「――若い頃にオヤジに連れられて、大きな病院に足を運んだんだ。当然、事情なんて説明してくれやしないさ。そんなお優しい世界じゃないからな。『行くぞ』の一言で、何処に連れていかれるか分かりゃしない。まぁ容赦ないわな」

先生が修業時代の思い出話をするのは珍しい。オヤジとは、彼の師匠のことだ。

普段周囲にいる者達からすれば、先生は昔からずっと同じように先生という完成品だったのだろうと考えがちで、若い頃があったなんて思いもしない。

田中さんがそう言うと、先生は笑った。今日は上機嫌らしい。

「馬鹿。俺を何だと思ってんだ。俺だって若造の時代があったに決まってんだろ。それで、その病院なんだがな――」

そこは今でも知る人ぞ知る病院なのだという。

だが、先生も最初に連れていかれた当時には、そのような知識などまるでなかった。師匠とともに待合室で待っていると、年嵩の医師がやってきた。白衣の胸に付けているバッジには、院長と書かれている。

院長は先生を一瞥すると、師匠に向き直って訊ねた。

「後継者ですかね」

「まだまだひよっこだが、こいつくらいにしかできないね」

先生は意味も分からず不審な目で二人を見ていたという。

「まぁ、当時は俺も若造だからな。まだ世の道理なんてものも分からなかったんだよ」

先生は、恥ずかしそうにそう言った。

いつも厳しい表情をしている先生がそんな顔をしていると、聞いているこちらも少し楽しくなる。

院長を先頭に、廊下を進んでいくと、関係者専用と書かれたエレベーターがあった。

一階からゴンドラに乗り込み、院長が下向きの矢印のボタンを押した。

表示はＢ３と出ていたので、地下三階、およそ十メートルは下ったということになるのだろう。

ゴンドラのドアが開くと、エレベーターホールから暗い廊下がまっすぐ伸びている。そこを一言も声を立てずに歩いていく。

先生も、病院の地下にはよく霊安室があるという話は聞き齧《かじ》っていた。

業者が棺桶に入った遺体を運び出して、霊柩車で運んでいくという話だった。

だが、今目的としている部屋には、特に霊安室の標示はなかった。だが、ここは死者に関わる部屋なのだろう。

無意識に神妙な顔をしていたのだろう。

「ほう。お前も気付いたか」

師匠が声を掛けてくれた。同行した院長も感心しているようだった。

「貴方が連れてくるだけはありますね」

褒められて悪い気はしないが、はっきりと意識して読み解いた訳ではない。

「ここはね、元は霊安室。今は別の場所に霊安室は移してあるけど」

体に沁みてくるような嫌な気配に、次第に先生は気分が悪くなってきた。

「それじゃ、久々のお勤めさせてもらいますわ」

師匠が扉を開けて中に足を踏み入れようとして、横でボーッとしている先生の頭をこづいた。

「お前も中に行くぞ」

強制的に扉の中へと連れてこられたが、瞬時に全身を鳥肌が覆った。

意識がぐらぐらと揺らされるような感覚に酔いそうになる。

気持ちが悪い。意識を保つのがやっとという状態で、師匠が儀式を始めた。

部屋の広さは十五畳ほどもあろうか。ただ、そこには何も置かれていない。

真っ白な空間と言ってもいいだろう。

だが、心で見通そうとすると、真っ黒な部屋に見える。

——何だこれ。どうしてこんなに禍々しいんだ？

扉側も含めた四面の壁には、札が一枚ずつ貼られている。

あれは——封じ祓うための符だ。

師匠は祝詞《のりと》を上げ、札を新しいものに交換し、再度祝詞をあげた。

その間はおよそ十五分ほどだったろうか。

部屋の外へ出ると、外の扉にもお札が貼られているのに気が付いた。

そちらも新しいものに交換する。

先生がよく見ると、札の文字が掠れて消えかけていた。

師匠は院長に向かって先生を指差した。

「また文字が消え始めたら連絡ください、あと数回は同行しますが、その後はコイツに任せますから」

院長に案内されながら裏口へと移動する。そこで礼を言われて事務所へと帰った。


「オヤジ、病院のあれは何だったんだ！」

帰るなり先生は師匠に噛みついた。

「はぁ？　お前には何も見えてなかったのか？」

師匠は落胆のため息交じりにそう答えた。

「鳥肌が立つくらいに寒かったけどよ——」

「まだまだだな。次のときはよく観察しろよ」

そのときのやりとりはそこで終わった。

だが、あと数回の間に、完全に自分のものにしないといけない。

病院側には師匠がそう伝えてしまっている。

できないとは言えない。そんな選択肢はないのだ。


半年後に再度病院へと向かった。

たった半年で、札の文字は掠れ果てて、殆ど見えなくなっていた。

この状態では封じの役には立たないだろう。

一体何が起こっているのか疑問に思い、まずは部屋の外をじっくり観察してみたものの、特に気が付くようなことはなかった。

次は扉の中に入って、注意深く観察する。

初回は気分が悪かったが、この半年の成果か、そこまで気にならなくなっていた。

——結界か？

仮説を確認するために意識を研ぎ澄ませていく。四面の壁と天地、つまり部屋の内側全面に結界が張られていた。

どうやら札は結界の状態を読み取るための、単なる目安に過ぎないらしい。

結界自体は時間の経過で効力が切れるようだ。

そう理解した。

事務所に戻ると、師匠から問われた。

「何か分かったか——分かってなかったら追い出すからな」

そこで自分の考察を伝える。

「百点満点はやれないな。だが九十五点だ」

先生は安堵した。

そこで師匠から聞かされた話は、あの病院はある病気の専門なのだという。

その病に罹ると、噂を聞きつけた患者達が大勢やってくるが、残念ながら生還できる確率は低いのだという。

入院中に亡くなる患者も多い。

その中には若くして亡くなる患者も少なくない。

生きたいと思う心や意志などが淀み、それが地下の霊安室に吸い寄せられているのだろうとの見解だった。

「俺の張った結界が何をやっているのか、ちゃんと答えていなかったからマイナス五点なんだが――」
師匠の張った結界は、大きく二種類の働きをしているという。
その亡くなった患者達の思いの塊を、部屋の外へと出さないようにするのが一点。
もう一点は、時間を掛けて浄化をすることだという。
ただ、後者は自分の代だけでは無理なのだと師匠は語った。
「だからお前なんだよ」
お前に次代を託す。その仕事をきちんと完遂させるように。そう命じられた。

「だから今でも師匠の意志を継いで、半年に一度の訪問をしていたんだが――」
数年前に、その病院が移転することになった。
移転先の準備が整い次第、病院の機能自体は早々に移転した。
だが、地下のあの部屋はそのまま残された。
事業計画で、移転後に跡地は解体し、マンションと商業施設になる計画だった。
だが、簡単に地下の部屋を移転することはできない。
病院もあの部屋のことを懸念していた。そこで、病院がマンションの一区画を購入し、
祓いの手続きを継続する方針へと決まった。

「え、地下からその部屋に移動させたんですか」

驚いた田中さんが先生に訊ねると、先生はニヤリと笑って、そうじゃないと祓えないだろと答えた。

病院の解体からマンション造成、その間は、特殊な手法でその空間を保持していたと聞いたが、具体的な内容は、秘密として教えてくれなかったらしい。

マンションと商業施設が完成した後で、新たに祭壇を備えた部屋が用意された。

間違っても他者が入り込まないようにと、セキュリティもしっかりしているという。

「セキュリティと結界を入れたら四重になってるんだよ。これで内側からも外側からもしっかりと守れるって訳さ。マンションの一室だから、オヤジの時代よりもセキュリティに気を遣うからな――」

先生は今もおよそ半年に一度のペースでその部屋に通っている。

外装の扉の前には、ガードマンが常駐するなど、警備体制は万全だ。

このガードマンが札の状況を観察し、毎日写真を撮って、先生にそれを提出することで報告としているらしい。

「そうだ。マンションが何処かとか、病院が何処の病院かとかは検索すんなよ」

「いや、詮索しませんけど――何故そんな手間の掛かることを？」

「いやさ、監視カメラも設置してみたんだがよ、何故か一週間と経たずに壊れちまうんだよ。どうにも人間が対処する以外にないみたいでなぁ」

これは田中さんの推測だが、人間なら一日のうちで何度か交代できるが、機械はずっと交代できないので、負荷が大きいというのもあると考えられる。

このマンションだが、噂を聞きつけて潜入を試みる輩もいるらしい。だがマンション内での部屋の所在を掴めずに終わるようだ。

「そんな奴らが近付けるようなヤワなもんじゃねえよ」

先生はそう言うと、ニヤリと笑みを浮かべた。

新築物件

お盆過ぎの水曜日の夜、約束の時間を三十分ほど過ぎた頃に、古い友人の神崎健二が疲れ切った顔で姿を見せた。

ここ最近はメッセンジャーアプリで連絡は取り合っていたが、学生時代のように気軽に顔を合わせることはできなかった。お互いに会社から大きな仕事を任されるようになってきているのだ。

旅行に行こうぜ、キャンプしに出かけよう、バーベキューも良さそうだな、たまには映画に行かないか。

そんなふうにお互い色々と誘い合ってはいるのだが、結局それらの約束が果たされることはなかった。

四十代前半とはそういう年頃なのだ。厄年とは役年とも言われるではないか。役職に就いて責任が重くなる。それは周囲からの評価が上がっていくということだ。

それは喜ばしいことなのだ。世間一般的に考えれば。

「おい、どうした。何だか疲れてるな」

「悪かったね。少し待たせちまった」

健二とは彼が結婚して以来なので、実際に顔を合わせたのは、およそ四年半ぶりになる。

「いいよいいよ。で、どうだ。嫁とは仲良くやってんのか」

「お陰様でそっちはいいんだ。そっちはいいんだが――」

気になる言い回しをした。

健二はバーテンダーに注文を伝えると電子タバコを懐から取り出した。

「どうした。何かあったのか」

「うん。今、別居してんだよ。嫁は実家に戻ってる」

彼の結婚式には自分も出席した。十歳以上離れた嫁と聞いて驚いたが、しっかりとした女性に見えた。

ネット婚だという話は聞いていた。確か北海道の出身じゃなかったか。そうなると健二は単身赴任のような状態で自宅で暮らしているということか。

「何だ。どうしたんだ」

「うちのが妊娠した話はしたっけ」

「あ、いやまだ聞いてなかったな。おめでとう。ああ、それで実家に戻ってんのか」

里帰り出産は、確かに慣れない土地で夫婦二人きりで子育てをするよりも、産む側にとって安心感があるのだろう。

「そうなんだよ。おめでとうなんだよ。おめでとうなんだけどな――」

そこで彼はカウンターに置かれたグラスを煽った。

「今、うちがヤバくて、実際のところもう一週間以上帰ってないんだ」

健二は自然が近いほうがいいのだと、会社から一本で行ける私鉄の終点駅近くに住居を構えた。

確かに職場までは始発だから座っていけるし、都市圏なので生活にも不自由はない。駅近だとも聞いていた。帰りに駅のスーパーに寄って買い物して帰るのが日課だという書き込みを、羨ましく思ったものだ。

だが、その家には、現在誰も住んでいないのだという。一体何があったのかと訊くと、とにかく変なんだよと繰り返すばかりだった。

「お前一人なら――今度泊まりに行ってやろうか？」

何故そんな言葉が口を突いて出たのかは分からない。だが、何が変なのかには少し興味があった。

自分が奇妙なことが好きということには自覚がある。

「そうか――それなら、今どういう状況か説明しておくわ。くれぐれも俺がおかしくなった訳ではないから、そこは信じてほしい」

きっと自分でも見聞きしている状態が、信じられずにいるに違いない。

「分かった。ひとまず信じるよ」

そう言って、話を聞くことにした。


彼が買ったのは、駅から徒歩十分のところにある新築物件だった。

駅近で生活の便も良く、保育園や小学校も近い。これなら子供ができても長く住めるだろうと即決した。それは妻の妊娠が発覚する直前のことだったという。

ただ、住み始めてみると、妙に暗い感じがするのが気掛かりだった。なるべく明るい照明器具を導入したり、白い壁紙に向けて間接照明で照らしてもみた。色々工夫を重ねたが、やはり暗いと感じる。

そのうち妻の様子がおかしくなってきた。

毎夜見る夢がおかしいというのだ。

夢の場所は、この家のある位置で間違いない。

自分が立っているのは屋外である。目の前に川があり、遊歩道がある。特徴的な場所なので、思い違いではないはずだ。

しかし、目に入る街並みが少し古い。更に自分が立つのは家の庭ではなく、柿畑とでもいうのだろうか、等間隔に柿が植えられている土地だ。

よく見れば、その何本かには、縄で何か重そうなものが括られている。

重そうなものは、半分程が地面に着いてしまって、苔のようなものまで生えている。

一体何だろう――恐る恐る近付いていくと、それがどうやら人だということが分かる。

人が枝から垂れた縄で首を括った状態で、地面に座っているのだ。いや、やけに首が長いということは、吊った後で体重が掛かって伸びて地面に着いてしまったのか。

驚いてその場を離れようとすると、その遺体の目が開く。

こちらをぎょろっと見つめてこう言うのだ。

「次はあんたらの番だよ」

その言葉に背を向けて逃げる。何かに蹴つまずいて転んでしまう。見ると白い石のようなものが柿の木の下に幾つも転がっている。

白い石のようなそれは、全て人の骨だ。

そこで毎回目が覚める。全身が汗でぐっしょり濡れている。

「――この家、土地が悪いんじゃないかしら」

疲れ切った妻がそう溢すようになった。

図書館に地方紙の縮刷版でも調べにいけば、はっきりするのかもしれない。

近隣の住人に事情を訊ねれば教えてもらえるかもしれない。

しかし、その暇もなく、近隣とはまだそこまでの仲でもない。

まだ自分達は余所者なのだ。

早まったのかもしれないとは思ったが後の祭りだ。

お札やお祓いの類にも頼るべきかと思ったが、生憎《あいにく》自分自身は仕事が忙しく、妻は身重でそんなことを任せる訳にもいかない。

先延ばしにしているうちに、とうとう精神が耐えられなくなったのか、妻が不眠症のような状態になった。そうなるとお腹の子供のことも心配だ。

実は里帰り出産を決めた経緯はそのようなものだったのだと、健二は打ち明けた。

それは、大分大ごとではないか。

黙っていると、健二は「泊まりに来てくれるんだよな」と確認した。もはや嫌と言えるような状況ではなさそうだ。

「ああ、一度確認しに行きたいと思う」

「それなら俺が鍵を渡すから、できれば一人で泊まってみてくれないか。俺は駅前のホテルに泊まるから。携帯で連絡してくれればすぐに行ける距離だし――」

健二も不安なのだろう。

「で、健二は夢は見ていないのか？」

そう訊ねると、彼は複雑な顔をした。

「何度か見たような気がするんだが、はっきり覚えてないんだよ。だけどな――」

彼は一度そこで言葉を切った。

「一週間前、つまり俺がホテル住まいに移る前に、庭でタバコ吸ってたらさ、川沿いの遊歩道から変なジジイが声を掛けてきたんだ。土地が悪いとか早く出ていったほうがいいとか抜かしやがってな。それが気になって仕方がない」

「なるほど。その爺さんは何か知ってそうだな」

「ああ、でも俺自身、もう気味が悪くて、一週間家に帰ってないんだ。だからあれから何か変わったかはよく分からない。それでお前には悪いんだけど、一度泊まってみて変なことがないか感想とか、気が付いたこととかを聞かせてほしいんだよ。それで対策を立てたいからさ」

都合よく使われるような形になるが、友人が困っているのだ。自分も興味がないといえば嘘になる。

「今日は流石に無理だから、週末でいいか？」

「ああ。それまでに部屋を片付けとく」

その晩はそうして別れた。


実際に行ってみると、駅前は想像していたよりも田舎ではなかった。

職場のあるコンクリートジャングルよりはよほど涼しい。

駅前で健二と会い、鍵を渡してもらう。そのまま案内をしてもらえると思ったが、健二は家に近寄りたくないとのことなので、一人で彼の家に向かった。

駅から徒歩十分というのは誇大広告で、それよりはそこそこ掛かった。だが、途中でコンビニに寄って夕食と缶ビールとつまみ、あと翌朝の食事になりそうなものを買ったから、実際にはやはり十分程度なのかもしれない。

家に入るよりも前に、川沿いの遊歩道を確認したかったのもある。

腰を落ち着けてしまったら、きっと家から出るのも億劫《おっくう》になると思ったからだ。

橋を渡るときに、川の名前を確認してみたが、知らない名称だった。調べてみると、地理に疎い自分でも知っているような大きな川に注ぐ支流の一つだそうだ。

家庭菜園らしき畑がぽつぽつ。この一角だけ見れば長閑《のどか》とも言える風情なのだろうが、健二のいうことを信じるなら、その一角がおかしなことが起きている現場ということになる。

遊歩道を歩いていると彼の家の前に出た。庭からも遊歩道に出られるようにドアがあるので、そこから入るべきかどうしようか悩んでいると、散歩途中の小柄な老人が歩いてきて目の前で立ち止まった。

「どうかしましたか」

「あんた、ここの家に新しく入ったのか？」

確かに遊歩道で立ち止まっていた自分も悪いが、余りにも不躾な様子に憮然としていると、「違うならいいんだ」と残して去っていこうとする。

それを引き留めて、実は友人に会いに来たのだが留守のようなのだと告げる。

一体何かあったんですかと訊ねると、老人は目を合わせようとしない。

「いや、何も起きてなけりゃいいんだ。ここは土地が良くないんだよ」

彼は顔を背け、こちらに向けて犬でも払うように手を振ると、遊歩道を再び歩き出した。

――土地が良くない。

きっと健二にそう告げたのはあの老人だろう。

結局遊歩道側のドアから庭に入り、玄関側に回った。失敗したなと思ったが、気にせず玄関から上がる。

当然の如く誰もいない。ひっそりとしている。

生活感も薄い。

自分と違うのは、部屋に本がないことだ。部屋に本がないと、家というのはこんなにも片付くのだなと思いながら、ダイニングで夕飯を摂る。

静かだ。

健二は家が暗いと言っていたが、自分にはよく分からない。何日か暮らせば分かるのかもしれないが、今夜泊まってそれきりのはずだ。

ただ、確かに変な感じはする。そこかしこに人の気配があるのだ。

じっとしてこちらを窺《うかが》っているような気がする。

気配のするあたりをうろついていると、不意に気配が消えた。

困ったな。何もやることがなくなってしまった。

持ってきた文庫本でも読もうか、それとも酒でも飲んで寝てしまおうか。

だが、酒を飲んでしまうと何かあったときに反応できない。

仕方がないか。

手持ち無沙汰だ。とりあえず庭にでも出てみるか。川沿いで意外といい風が吹いているようだ。夕涼みと洒落込もう。

窓を開けて外に出る。

すると遊歩道から、先ほどの老人が覗いていた。

彼は驚いた顔をしていたが、こちらから先ほどはどうもと頭を下げ、実は友人に頼まれて、一晩変なことが起きないか確認してくれと言われたんですよと、正直に事情を話した。

すると、彼は何か思うところがあったのか、手招きをした。

「ちょっとここじゃ何だろ。歩きながら話したい」

別に何か悪いことをしている訳でもないが、その言葉に従う。

老人は、この遊歩道沿いに古くから住んでいるらしい。

「あんた、あの家の人の友人なんだろ。悪いことは言わないから、早くあの家を売っぱらうなりして、出ていったほうがいいって伝えてくれよ」

彼は道すがら、健二の家の土地の由来を教えてくれた。

――ここが柿畑だったときに、何人か首を括ってるんだ。俺の息子もここで首を吊ったんだよ。だからあそこは土地が悪いんだよ。でもね、事故物件ではないよ。だって家が建つ前の話だからさ。

死んだのは男ばかりだね。俺が覚えているだけでも四、五人は死んでるよ。

柿ってのは枝振りがいいから、首を吊るのに都合がいいのかもしれんな。でも柿って奴は意地が悪いんだよ。大丈夫なようでポッキリ折れたりしてな。

ついこの間まで、それで死に損なった奴が、ほれ、あの家に住んでいたんだ。でももう亡くなったな。よく保ったほうだよ。

あの一角は、それこそずっと昔、戦前の時代から、人が吊る土地として知られてたらしいよ。それが平成になってから、ここらの地主の血が絶えて、その後で新興住宅地みたいになったけどね。それでも最後まであそこの一角だけ売れなかったんだよ。

みんな知ってたから、地元の不動産屋も手を付けたくなかったんだろ。恨んでた奴も多かったしね――。

そんな縁起の悪い話をつらつらと歩きながら聞いていると、次第に気が滅入ってきた。

だが老人は「俺の家はここだから」と言って、不意に玄関に引っ込んでしまった。結果、あまり街灯もない遊歩道に一人残されることになってしまった。まことに勝手なものだ。

今きた道を健二の家までとぼとぼ戻る。しかし今聞いたこの話の内容を、あいつは知ってるのだろうか。


そろそろ寝ようかと思い、リビングの一角に積まれた布団とタオルケットで寝床を準備している途中に電話が鳴った。驚いて心臓が口から飛び出るかと思った。

思わず時計を見ると、もう二十三時近い。電話が鳴るには遅すぎる時間にも思える。

勝手に取る訳にもいかないので、ただじっとしてコールが過ぎるのを待つ。すると、何度目かのコールの後で、留守番電話が応答し始めた。

メッセージを残せという言葉の後で、慌てたような口調の女性の声が続いた。これは聞いていていてもいいものなのだろうか。

「健二さん？　健二さん？　携帯電話に電話したけど出なかったから、こっちに留守電残しとくわね。あのね、由美ちゃんが病院で大変なの。今すぐこっちに来てほしいの。また電話します」

電話はそれで切れた。

驚いて、健二の携帯に電話を入れたが、出ない。もし出るならば、あんな留守電は残さないだろう。

——一体どうなっているんだ。

翌日、健二の家の玄関の鍵を掛けて、彼が宿泊しているはずのホテルに向かった。

フロントで彼の名前を伝え、伝言を取り次いでほしいと伝えた。だが、ホテルマンの回答は意外なものだった。

「神崎健二さんという方は、お泊まりではありません」

——え？

いないとはどういうことだ。

自分が書いたメモを、ホテルマンとともに確認すると、やはりホテル名は間違っていなかった。

昨日の留守番電話の内容が気になる。

彼はきちんと連絡できたのだろうか。

一体、ポケットのこの鍵はどうすればいいのか。

頭の中がぐるぐるする。

結局、健二とはそれ以来会えていない。

手元にはあの日預かった鍵がそのまま残っている。

最近は柿畑の夢をよく見る。

首を括って木の下に足を投げ出して座り込んでいるのは健二だ。

その夢を見るたびに彼に電話を入れる。

携帯電話は解約はされていないらしく、呼び出し音はするが、すぐに留守番電話になってしまう。

まだ彼の家は再訪できていない。

そこまで深入りすべきかの判断ができないからだ。

仕事は以前と変わらず忙しい。

きっと、健二も忙しく過ごしているのだろう。

ただ、メッセンジャーアプリは、あれ以来一度も既読になったことはない。

三周目の事故物件

　川嶋さんという、演劇関係の仕事に就いている三十代の女性の引っ越したアパートは、完全にお化け屋敷だった。

　友達が紹介してくれた不動産屋は彼女の知り合いで鴻巣と名乗った。彼は〈なるほどですね〉が口癖の馴れ馴れしい印象の男性だった。ただ、どうも誇大なことや隠し事はしていないように感じた。事前に不動産業界では嘘や騙しが横行しているという話を聞いていたが、友達の友達だからということで、そのあたりは良くしてくれているようだ。

「お化け屋敷でも良ければ、安い物件を紹介するよ。エアコンと洗濯機とかも付いていて、周辺の相場の半額でいいですよ」

　魅力的な提案だが、〈お化け屋敷〉とはどういうことだろうかと暫し悩んだ。駅から徒歩十五分。二階建てで部屋は十部屋。空いている部屋は三つあったが、最初から全て事故物件だということを伝えられた――なるほどですね。

　築三十年近い物件で、全ての部屋がユニットバス付きの１ＤＫだ。風呂とトイレが別でないのは少し気になったが、家賃が安いのは助かる。

ただ、物件自体は以前から色々とおかしいので、そこは覚悟してくださいと鴻巣さんは念を押すように口にして、目の前に地域の地図が広げられた。

「物件はここなんですよ」

近所にはメモリアルホールが二つ。狭い墓地が三つ。後ほど調べてみると、近隣に心霊スポットと噂されるトンネルが一つ。

川嶋さんは、内見のときから縁起が悪いなと思っていた。


（※著者注）ここからは、彼女の日記から、彼女がその物件に滞在している間に起きた〈おかしなこと〉をピックアップして転記する形で紹介することにする。そのほうが感覚がリアルに伝わると思ったからだ。本章のタイトルが何故このようなものに決まったのかも、お読みいただければ理解いただけると思う。

*

入居五日前（二〇二一年九月十日）の日記より抜粋

鴻巣さんに内見できる部屋をピックアップしてもらったが、血まみれな部屋も紹介できますよと、冗談とも本気とも付かない口調で伝えられる。話を聞くと、錯乱した女性が風呂場で手首を切り、血を鏡に塗りたくった後で、部屋にも血を撒き散らしたらしい。

「まだ現場そのままだから、見られますよ」

怪談好きだと言うとそんな提案をしてくれたが、怪談が好きなだけで、スプラッタ好きではないのだと伝える。

「なるほどですねー」

鴻巣さんはあくまで軽い感じで納得してくれたが、明らかに内見に来ている客に言うことではないだろう。

入居初日（二〇二一年九月十五日）の日記より抜粋

引っ越しは荷物を最小限にするのがコツだと、演劇関係の先輩から聞いていた。彼は旅行でも〈荷物半分所持金倍〉をモットーとしているらしい。ミニマリストという奴だろうか。
この物件は大型家電が部屋にあるので、着替えとパソコン、食器類と調理器具さえあれば暮らせるのでありがたい。お風呂はホテルのようにトイレとバスが一緒になったユニット形式だが、トイレに駆け込んだらバスタブの中に赤い人が座っていてギョッとする。全身の皮をピーラーか何かで剥いた感じ。慌ててシャワーカーテンを閉め、直接見ないようにして事なきを得る。

入居一週間（二〇二一年九月）頃の日記より抜粋

部屋に飾り気がないので、観葉植物を買ってきた。サボテンなら長持ちするだろうと思って買った。店員から、時々霧吹きで水を与える以外、何もしなくていいと言われたので、窓際に放置したが二日で茶色く枯れた。切り花も一日で枯れる。どうやらこの部屋に飾り気は必要ないらしい。

風呂の赤い人は、立ってたり、カーテンを開けたりしている。時々姿が見えなくなるので、その隙にシャワーを浴びる。バスタブに赤茶色の木の欠片のようなものが残っていることがある。気味が悪い。

メモリアルホールで葬儀があると、柱がミシミシと裂けるような強烈な音が鳴る。葬儀がなくてもたまに鳴っている。霊道でも通っているのだろうか。鴻巣さんは〈すぐ慣れますよ〉と言っていたが、確かにこの環境だと慣れそう。でも慣れたくない。酷いのは夜中から明け方までゴツンゴツンと壁を拳で叩き続けるような音を立てる奴。煩くて寝られない。

鴻巣さんが来て電子レンジを下さった。ありがたいけど、このレンジ、使ってる途中でドアが勝手に開く。

入居三カ月（二〇二一年十一月）頃の日記より抜粋

横になっていると背中に重みを感じた。誰かに乗られた感覚。ぶん殴ってやろうかと、ぐっと拳を握った直後に、「よよいのよい。俺の負けかー。連れてけねぇなぁ」との声とともに腐臭。翌日アパート内で遺体発見される。死後一週間くらい。

突然「あの、タカヒコさん知りませんか」と夜中に聞かれて咄嗟に、知りません！　と答える。葬儀屋のほうを示して、あっちで聞いてみてくださいと言ったのをちょっと後悔。違う方かも……。

近くの怪しげな神社で稽古がてら発声の撮影。撮影後に移動を開始したら「あなた何してるの」と女の声に言われて無視。撮影前も撮影中も、周囲には誰もいないのを確認している。役者さんも声は聞こえたが、姿は見えなかったと怖がっていた。この程度で怖がっていたら、この近くでは住めない。ただ、それから女に付き纏われる。

部屋でも赤い写真が撮れるようになる。赤い女に見えるそう。全体がピンクなだけで自分には見えず。悔しい。

部屋の中で犬の鳴き声がするようになった。遊びに来た役者さんにも聞こえるらしい。煩くて仕方がない。

頂いた電子レンジは例の血まみれの部屋の方の私物だったらしい。保護者の許可を得て所持品を分配したとのこと。なるほどですね。ちょっと感覚がおかしい気がするが、ここでは普通なのだろうか。

死人が出た。孤独死。

鴻巣さんが孤独死した人の遺品の片付けのときにやってきた。今月会うのは二度目。「カップ麺やレトルト食品が沢山あるのだけど、欲しくない？」と訊いてきた。なるほどですね。でも食べ物については遺品整理で扱わないでほしい。丁重にお断りする。

入居六カ月（二〇二二年二月）頃の日記より抜粋

布団を剥がされるのが八回目（二回目は二メートルほど離れたとこまで吹っ飛んでいた）。前回書いた日記からも色々あったけれど、仕事が忙しかったので日記が飛び飛び。もう日付が分からない。ただ寒い日も暖かい日も引っ剥がされた。寒くて眠れないときは激おこ。誰か知らないが、必ず北西側の壁のほうに向かって剥がしていく。そちらには墓地やメモリアルホールはない気がする。埋もれた古墳とかがあるのかも？

また死んだみたい。孤独死？

お坊さんが何処かの部屋に来てた模様（事故物件として五周目の部屋だと思う。つまり孤独死が過去に五回あった部屋。あまり聞いたことがない概念。このアパートでは日常的に出てくる単語）。アパート中が線香臭い。

近くの神社へ行く、神社の境内から、周囲のかなりの範囲まで石器時代の古墳らしい。興味があるので見てみたが、立ち入り禁止のところもあるくらい規模が大きい。全ては見て回れず、神社に戻ったら買ったばかりのお守りが切れて落ちた。納めて帰った。八百円……。

近くには、犬を飼っている家が殆どない。戸建てだから飼うという訳ではないだろうが。少し離れたところで知り合った人の話。

「小さいものはね、駄目なのよ。死んじゃうのよ」

「鳥とかは煩いくらいにいるのですけど」

「鳥は畑が近いから多いわよね。でもね、猫とか犬とか、ハムスターとかも駄目なのよ。鼠だって飲食店近いのにいないわ」

「言われてみれば古い木造なのに鼠の音もしませんね」

それどころか、野良猫も見かけない。あんなに鳥がいるのに。

「あそこね、前に近くで動物を飼われていた人が引っ越してきたのだけど、数日で変な死に方をしてしまったらしくてね。その方すぐに引っ越したそうなの。信じられないけれど、飼っていた動物を食べる人がいたからって言うのよ」

夜中に二階の寝室で目を覚ますと、一階からガリガリという音がしたという。階段を下りて見てみると、飼っていた動物の骨を齧る人の姿を見たそうだ。明かりを点けると人はいなくなっており、動物ももう死んでいた。

「似た話を聞いてたのよ。ハムスターを丸呑みする人が出たって。勿論死んでいただけなんだけど、動物の死神みたいよね」

「気持ち悪いですね」

「貴方そこら辺に住んでるんでしょ？　後ろので分かるわよぉ！」

ケラケラと笑う彼女には何が見えていたのか。再会できてないので聞けていない。


入居七カ月（二〇二二年三月）頃の日記より抜粋

ビデオカメラを借りてきた。部屋で撮影すると、オーブが出てくる。ぶわっと下から噴き上がって出てくるのとか、頭の近くをうろうろしているのが撮れていた。

勝手にビデオが切れているときがある。録画された画面が微かに上下しているときがある。地震なら結構大きい地震だと思う。

遠くから女の歌声と耳障りな人の声が近付いてくると金縛り。歌というよりも音を出してるだけ？

金縛り三日連続（余りにもムカついたので腕を動かしたら動いたので、何か殴ったらそのときは止んだ）。

テーブルの上にボールペンを出しておいたら、翌日テーブルに変な絵みたいなのが書かれている。なかなか消えないので困る。油性ペンは絶対に放置しないこと。

入居九カ月（二〇二二年五月）頃の日記より抜粋

真っ暗の中で撮ったビデオを確認するために観ていると、タンタンと足元で振動が。下の人が何かしているのかと思っていたが、下は先日から空き部屋なので、そんな訳はない。床下に誰かいて足踏みしている感じ。

ここ暫く勝手にユニットバスの電気が点く。一カ月に二度から三度。決まった法則はない様子。部屋の電気も勝手に点くようになっている。電気屋に調査してもらおうかと鴻巣さんに連絡をすると、「なるほどですね。でもそれ他の部屋でも当たり前になってますから、慣れたほうがいいですよ」と言われる。なるほどですねは頼りにならない。

ビデオで十五日深夜の映像を確認しようとしたら、ちゃぶ台の下で足踏みの音が始まった。聞いているうちに床の音も始まって驚いた。

シャワーを浴びている間、ずっとドアが外側からノックされる。シャワーでなくても、急かすようにコン！　と強く叩かれる。殆ど毎日のことだが、トイレのドアでもあるので困る。流石に開けっぱなしというのもどうかと思うし？

布団を剥がされることも続いているが、寝ていると足を掴まれて、布団から出されることがある。マットレスから落ちるので、ドスンと夜中に音が響く。先日入った下の住民から苦情があるが、どうしようもないので寝相が悪いみたいで、と謝るしかない。

赤い人はまだ風呂桶の中で体育座り。時々顔の向いている方向が変わっている。演劇仲間の家で飲んだときに、ビーフジャーキーを見て、風呂桶の赤茶色の破片みたいなものは、乾いた肉片じゃないかと閃いてしまった。ヒューマンジャーキー。

入居十一カ月目（二〇二二年七月）頃の日記より抜粋

近くの交差点で大きめの事故。死亡事故らしい。この近くはどうしても人死にが多い。慣れるのも嫌だが、どうしても慣れてしまう。他の住民はどうしているのだろう。

また交差点で事故。今度は助かったらしい。黒い影が先に飛び出して、車がハンドルを先に切ったので直前で助かったと聞いた。前の犠牲者？

数日前から気になっていた部屋があった。夜中になると、黒い蚊柱のようなものが集まっている部屋。夏場なので、クーラーの空気が涼しいのかもしれない。そう知人に話すと、難しい顔をした。「同じ物を見ているけれど、自分には黒い着物のお爺さんに見える。ついに幻覚が見えるようになっちゃったかなぁ」などと笑っていた。

スマホを横に置きながら、タブレットで映画を見ることにしたのだが、タブレットのカーソルが勝手にお笑いを選択する。お笑いには全く興味がないので、元のファンタジーものにしたが、やはりお笑いに。いっそ、と心霊ものにしたらタブレットの電源が落ちるようになった。何度か立ち上げるが、そのたびに電源が落ちる。諦めて放置。翌日は普通に見られるようになったが、奇妙なことにお笑いを何本か見ていることになっていた。

ここ数日、「ねぇ」という声が風呂場から聞こえる。赤い人は無口なので、多分別の人だろう。そういえば赤い人は男なのか女なのか。剥き身だとよく分からない。別に確認したい訳ではないが。

また死んでる。夏場だから腐るのが早いとか。畳全交換らしい。最近蠅が多かったのはそういう訳か。うちに来てた蠅も、遺体を食べて育った奴ってこと?

下の階の端の人から聞いた話が気持ちが悪かったのを思い出した。タバコを吸う男がドアの前に立っている。又は空いている隣室に入っていく。今は入居者がいるので確認は取れないけれど、ほぼ毎晩見かけたとのこと。教えてくれた人は、昨日DV旦那に連れていかれてしまった模様。大声で喧嘩しているため内容が聞こえてしまった。もう帰ってこないかも。

この点は他の入居者にも色々聞いてみたい。鴻巣さんに聞いてみたら、「ありすぎてもう分からないし、いちいち気にしてたら務まらない」とか言っていた。なるほどですね。いや、そうだろうけど。居住者としてはもう少し関心を持ってほしい。

入居者数人に聞き取り調査。胡散臭い目で見られる。「うるせぇ」と怒鳴る声が半年ほど前から定期的に聞こえているらしい。でも聞こえない人もいる。お向かい同士の部屋でも聞こえたり聞こえなかったり。現在も続いているが、本当に怒鳴る人が出てきたので、もはやどちらか分からない。

入居十二カ月目(二〇二二年八月)頃の日記より抜粋

鴻巣さんから死人の眼鏡の話を聞く。孤独死した人の部屋の遺品で、眼鏡などは保管しているらしい（このアパート分だけでも結構な数があるらしい。納得。一年で何人亡くなってるんだここ）。あるとき、入居した人が、泥棒が入ったかもしれないと言いながら持ってきた眼鏡が、過去にその部屋で孤独死した人のもので、どうやって倉庫からその部屋に移動したのか不明とのこと。なるほどですね。

昼間に窓を開けていたら窓の隙間から覗く目と合った。ここは二階だし、エアコンの位置からして頭は入らないはず。簡単な木の目隠しをして、通行人から見えないようにしていたのだが、その隙間から目だけが覗いていることも多々あった。

目の前にあるメモリアルホールに看板が立っているときは御遺体がないときなのだが、たまにその前でうろうろしている人を見かける（今日は恋人同士でこんな暑いのにジャケット着てる人がいる、いないよと喧嘩しているのを見かけた）。

寝ていたら両手の上を足が踏んでいった。せめて靴は脱げ。

布団をめくったらゴロンとちょっと重い音がした。その後、下の部屋から苦情が入った。下の人が神経質すぎていけない。早く慣れろ。今のは首が転がる音だ。

入居十三カ月（二〇二二年九月）頃の日記より抜粋

眼鏡を失くした。手探りで部屋を歩いていると、時々ないはずの物に触れる。ゾワゾワする。布っぽいものやサンドバッグみたいなもの。黒や白い影に見えるが叩いたり蹴ったりすると消えることが多い。

眼鏡をバスタブの中に持っていくのはやめろ。

柏手が一回、一日四回くらい聞こえる。昼間も。ビデオにも入っている。ただの家鳴りの可能性もある？　はっきりとしたコーンという音。

真っ暗な中でスマホを見てたら、その明かりに照らされた顔が隣にあった。どうやらやっているゲームの画面を見てるだけの模様。五分くらい一緒に見ていた。この人は月に五回程度は出てきている？　気にしないようにしているが、見てるだけでも楽しいのか？

また死んだらしい。夜中に救急車と警察が来ていた。寝不足。稽古に影響があるのでやめてほしい。知り合いの入居者に愚痴ると、自分が稽古場から戻ってきていない間にも何人か亡くなっていたらしい。去年から十人以上亡くなってる。彼女が当たり前のことだと思っているので感覚が狂っているなと思う。

先日のことがあったので、予備として二本目の眼鏡を作った。暫く放っておいたが、今日掛けようとしたら、眼鏡ケースを開けてもいないのに指紋だらけ。指紋がなかなか消えない。指がどう見ても私より小さいのが気持ち悪い。

入居十四カ月（二〇二二年十月）頃の日記より抜粋

窓の外を半透明の影が横切る。それ以来、頻繁に枕元や窓の外を通りすがる姿が見えるのでビデオで撮っているが、映るのはオーブ。枕元でフヨフヨするオーブか、通り過ぎていくオーブが映るだけ。個人情報漏れそうな程叫んでる奴（酔っ払い？）がいるので、撮ったものを公開できないのが悔しい。幻覚などではない証拠だと思う。

電話中の友人に、部屋に誰かいるの？　と聞かれた。多分外の声だろうといったが、「黙って切れ、優子ちゃん」と名前を呼ばれたと怯えて切られた。優子ちゃんから連絡は来なくなった。

ここ二カ月ほど玄関に寝間着？　のお爺さんが立つようになっていたが、最近は消えて、違う人が立っている。そもそも立つな。一番驚いたのは暖簾《のれん》のようにしている布を掴んでいた紫のマニキュアの指の持ち主がゴツい体格だったこと。服は不明。裸ではなかったのを願いたい。

外廊下に入居者（多分）が落ちてた。面倒だったので通報はしなかった。

寝ていると、枕元に座っている姿がある。一週間ほど座っていたが、いなくなった。じっと見られて、何かをずっと話していた。隣の部屋のおっさんも同じ体験をしていたようで、電話口で愚痴っていた。腐臭だけがする。

昨日の夜、何故か蠅がいて、何処かで死んでるかもなーと考えてしまうくらいには諦観している。このアパートは人が死ぬ場所。

やっと犬の鳴き声が消えた。一年ほど続いていたが、メモリアルホールで誰かの葬式のあった後に消えた。連れていったのだろう。

入居十六カ月（二〇二二年十二月）頃の日記より抜粋

台所の落ちるはずのない鍋とかが落ちる。タンスの中でも何か落ちるが、確認しても何も落ちていない。そもそもタンスに物を入れてない。

昼間、エアコンの前を人影が横切っていった。腐臭が漂ってきたので、光明真言を唱えたら臭いが消えたような気がする。もしかしたらまた死んでるのかも。

昨日書いた通り。やっぱり孤独死があった。死後二週間。冬場は臭わないから発見が遅くなる傾向。

ドアが勝手に開いたので閉めたが、またすぐに開く。鍵とチェーンが掛かっていても、そういうことが起きる。あと電気を点けてトイレに入ろうとしたら、ドアノブが回って自動で扉が開いた。赤い奴のせいなのかどうかは不明。

最近は特に新品のガラス製品ほど割れる。終電で稽古場から帰ると、包丁やフォークなどが散乱している。慣れたが正直に言えばやめてほしい。

また新しく買った包丁が、枕元近くの床に突き刺さっていた。寝ぼけても、床に刺したりしない。ここを出るときの改修費が怖いから。次の日は台所で転がっていた。間違いなく動いている。ガムテープでぐるぐる巻きにして、燃えないゴミに捨てた。何処かでお清めしてもらった包丁が良いのだろうか。

ここひと月ほど、真夜中の二時頃にチャイムが鳴るのが続いている。モニターには誰もいない。これは他の部屋でも続いているらしい。月に一回以上は起きている様子。宅配などではない。

夜中にスマホゲームをしてたら足を触られたり、踏まれたり。赤い服の六歳くらいの目がない子供に「貸してよ」と言われて手を触られた。

目がない子供再来。今度はスマホを引っ張られた。

入居十七カ月（二〇二三年一月）頃の日記より抜粋

何故か一軒も新年飾りを小さいのでも出さない。ドアノブにも掛けない。なので、家の中に飾っている。昨年は新年に杖を持ったお爺さんが空中から見下ろしているのを見たのだが、あれは年神様なのか、通りがかりか悩むところ。

心霊写真を撮るのが割と得意なので、風呂場で赤い人に頼みながら写真を撮ったが、全然撮れない。真っ黒な写真が撮れるだけ。フラッシュ焚いてるのに。……もしかしてドアップ？　そう思いついてから、考えるのは辞めた。

入居十八カ月（二〇二三年二月）頃の日記より抜粋

寝ていると、目の前の壁から顔にたばこ臭い（バニラの風味）冷風が当たる。寝てると身体が重くなって、目を向けると、幾つもの手が身体に乗っかってた。遠慮なさすぎて引く。

夜明け頃に、ベランダの手すりに捕まっている人がいたので通報。警察に見てもらったが、ここは登れないでしょうと言われる。人間外の可能性が高い。隣の人に言ったら、誰もそんなことで通報しないとか。やっぱりおかしい。

「電話は何処ですか」と耳元で言われて目を開けたら、目の前にリーマンの男性（五十代？）がいたので、咄嗟にスマホを掴んで二度寝。

昼間なのに、何か透明なものが押し入れから冷蔵庫方面へと。坊主頭？　の生首？　に見えた。

二本の足？　腕？　が左側にいてがっしりと掴まれた。右側も何かいた。

昼間なのに居間の中を通っていく人が何人か。

部屋の中で「ここは中京銀行さんですか？」と聞いてくるお爺さん。あんた何処から来たんだ。

入居二十カ月（二〇二三年四月）頃の日記より抜粋

通りがかりの犬にギャンギャン吠えられる毎日（アパートの裏が散歩コースで、犬は毎日同じ時間に通るがアパートへ吠えまくっている）。

部屋にいると、「別れたくない」と泣く緑のセーター姿のお姉さんが、しがみついてきた。私は付き合った覚えはない。

右太腿を掴む子供（多分子供）その間動けないのは困る。

片足で跳ねながらやってくるサラリーマン（四十代？）「俺は悪くないよな？」と毎回聞いてくる。

俯《うつむ》いたまま座っているお婆さんの後ろになんか黒い人がわらわらいて怖い。

祭り囃子の音が二月くらいから聞こえてる（今は四月半ば）。ゲームをして遊んでいたら背中をドカドカ蹴られる。例の目のない子供だろう。

劇団の人と飲んでる間に、どうしてそんな部屋に住んでいるのかと言われる。そりゃお金がないから……。

また玄関ドアが勝手に開く。チェーンも勝手に外れるのは何とかすべき。なるほどですねは頼りにならない。

数日前にガリガリと床を引っ掻く音が廊下から聞こえてきていた。うちの部屋の前で止まったが、階段の音はしなかった。今日また同じくらいの時間に聞こえた。絶対見に行かない。

二畳くらいの幅の達磨大師様？　みたいな黒い薄いシルエット（怖くない）が夜中に覗き込んでた。先日友人（優子ちゃん）が霊感のあるお坊さんに私のことを見てきてと頼んだらしい。その人かも。

入居二十二カ月（二〇二三年六月）頃の日記より抜粋

ごめんくださいと、ベランダから声が聞こえるが無視。

冷蔵庫の側で浮かんでる顔があった。昼間、夕方に目撃。白い煙のようだった。

風呂場のカーテンが勝手に閉まっていた。相変わらず開けたり閉めたり自在らしい。

また死んでる……。

覚えのない血痕がバスタブに残っている。ヒューマンジャーキーだけでは不満なのか。

ここ最近で二人ほど亡くなってる（聞き込みをしていないので理由不明。確認するのに人が来ていたので多分孤独死？）。

騒音が酷いと下の階が文句を言っているという話を聞く。上が空き部屋のはずなのだが、上の階の両隣からも音が聞こえると、文句を言いにくるらしい。騒音がすると訴えてる人は、カーテンの隙間から覗かれたと言ってるけど、カーテンの隙間から覗くには、ガラスを開けなくてはいけないので物理的に無理。ただの神経質な人というより、おかしい人になってしまっている様子。自分も相当毒されているが、まだそこまでおかしくないと思う。最近病気がちだけど、普通に社会人してるし。

ここ暫く火事が続いている。ボヤが目の前の叢であったのだが、その前から見回りが強化されている。放火でもあるんじゃないかと怯えている。近所の人の話では、炎の中に姿があった。あれは去年火事でなくなった○○さんよ、など不謹慎な話題が出ている。一年待ってるなんて律儀だな、と思ったがその人の家から、今回の火事現場まで徒歩二十分程あるらしい。もうちょっと近場で済ませてほしい。

入居二十四カ月（二〇二三年八月）頃の日記より抜粋

本日黒い蚊柱の立つ部屋で孤独死の方の遺体が発見された。先日話をした知人はそれを聞いて吐いてしまったくらいにショックだったらしい。「次は俺の番だ。次は俺の番だ」と繰り返して引きこもってしまった。

バイクを倒す悪戯が発生していると、警官に聞いた。駐輪場に置いておくと、バイクが倒されるらしい。原チャの人はカウル？　が割れてバキバキだった。三箇所、固定して倒れないようにした住人がいた。その人の乗っているのは二輪、普通のバイク。いつも磨き上げているので倒されてはたまらなかったのだと思う。しかし数日後、鍵の付けてある金属部分が折られて倒されていた。残念。

取材を受けてから元気がない。白い着物の人の話を都合三回に分けて話す。来なければいいと思う。最近は寝ている日が多いけど、そのときは色々な人が枕元に座ったりする。

入居二十五カ月（二〇二三年九月）頃の日記より抜粋

引っ越してきて二年。どうにも変な話が聞こえてくるので、耳を傾けた。

休日のおばちゃん達の散歩コースが裏の川沿いにあって、よく立ち止まって聞こえる声で話している。

「あのアパート、まだあるのねぇ」

「いい加減取り壊せばいいのに」

今現在も人が住んでいるし、建物もそこまで古い訳ではない。まだまだ使える。確かに色々あるのだけれど。

「お祓いに何回か入ってもらったらしいわよ、あの大きいとこで」

「それでも、駄目だったんでしょう？」

「自殺とか、病死とか続いたわよねぇ」

私が入居する前からそんななのか。いや、入ってから明確に自殺は聞かない。未遂は聞いてるけど（電子レンジ……）。

「それでね、オーナーさんに外壁の色を変えたら？　って提案したらしいわよ」

「そういえば前は水色だったわよね？（本当は緑だったらしい？）」

「専門じゃないけれど、明るい色にしたら良いんじゃないかって、明るい緑にしたみたいよ？」

「あらそうなの。でも効果なかったんじゃないの？」

「少し減ったわよ。ほら、事件じみたことも減ったでしょう」

前はどれほどの頻度だったのか、怖くて聞いていたくない。そもそも事件って何だろう。事故物件サイトにだってこの物件は載っていない。理由は不明。

「昔からあそこに住んでる、なんて人いないじゃない。十年だって……」

「でも確かに少しはマシになってるのよね。ほら、お隣さん。前は凄かったじゃない。覗かれてるとか、家に入られたとか」

「あれは凄かったわね。妄想としか言えないくらいで警察も頻繁に来てたわ」

「隣のアパートに入っていくのを見たとか言っていたじゃない」

「そんな人、住んでいなかったみたいだけど」

「見間違いじゃなくて、幽霊だなんて、普通に話してたわよね」

「今も普通にいると思って話してるわよ。見たことないけど、あそこには何かいるのかもねぇ」

「あのお隣さん、見たって言ってた幽霊と同じ格好で、自殺されたそうよ？」

「え？　だって見たのはワンピースの女でって話してたわよね……お隣さん、お爺さんだったたじゃない」

「だから気持ち悪い話なのよ」

内緒にしてよね、と言っているが、丸聞こえだ。ワンピースのお爺さんという話はまだ聞いたことがなかった。

「その後にアパートに、霊能者さんなのかしらね、お祓いに来た人がワンピースの女性がいるって言ってたらしくて。男性じゃないんですか？　って聞いたらしいわよ」

「普通逆よねぇ？」

ケラケラ笑うが、男性を取り憑いて殺したかもしれない何かは、ここにいたのか。それは間違いないのか。

「念が深いって言ってたらしいけれど、あそこ女性は殆どいなかったでしょ？」

「そうそう。今は時々見かけるけれど」

出入りがチェックされているのか、洗濯物で判断されているのか。

「あそこにいた人で、痩せてて顔色の悪い人がいたじゃない。ほら、長髪の男で」

「貴方ほどよく見てないわよ」

「その人ね、青山さんっていうのだけど……うちの旦那がゴミ出しのときに気付いて。遠目でも分かったらしいわよ。女をおんぶしてるって」

「やだ、何それ怖い。貴方の旦那さん霊感あるの？」

「知らないわよ。でもね、ゴミ出しから走って戻ってきて『あいつ、昔新聞で見たわ。女を殺してる』とか言い出すのよ？　同じ苗字の人が知り合いにいて、顔を覚えてたみたい。嘘でも本当でも怖いじゃない。それで、ワンピースの女の話を思い出してね。青山さんも、いつの間にかいなくなっちゃったけど、女の人だけ置いていったんじゃないかって思うのよね」

どれも根拠のない推測の話ばかりだ。

「それで、お祓いに来た人の話に戻るけど」

「他にもあるの？」

「ないわよ。結局その女の人はお祓いできないから諦めてって言われたらしいわ。消えるまで待って、ですって。その部屋に住んでる人大変よね？」

「知らないで住んでるんでしょうけどね。もう何人目だったかしら？」
「そんなに昔なの？」
「五年以内ね」
……この部屋でなければいいな（切実）。

入居二十七カ月（二〇二三年十一月）頃の日記より抜粋

また死んだ。

次は自分だと言っていた知人の引きこもりは終わったが、すぐに姿を見せなくなっていた。本日鴻巣さんから知人が自殺したとの報告。結局いなくなってしまった。意外にもこのアパートでの自殺は珍しいと思う。

人の家に一日泊めてもらったら爆睡できた。自室だとどんなに疲れていても眠れない。友人も泊まりにやってきたが、青い顔をして夕方に帰っていった。夜を徹して話そうとか言っていたのに。理由は教えてくれないが、もう二度と行かないと言われた。何を見たのか教えてほしい。

入居二十八カ月（二〇二三年十二月）の日記より抜粋

差し入れで水を段ボールで頂く。ちゃんとお歳暮として鴻巣〈なるほどですね〉管理人さんの名前もちゃんと入っているので新品。朝には墨で書かれた名前が、水に濡れたかのように崩れていた。この水、本当に大丈夫？　と思いながら一本飲んだ。特に変な味がしないので、非常用に置いておく。

明け方にボヤ騒ぎ。下の空室の室内から火。原因不明。

鴻巣さんに引っ越しを相談。別の部屋に移動するのはどうかという提案を受ける。家賃等は変わらないとのこと。引っ越したら五周してる部屋だった。前よりゾワゾワする。前の部屋は三周目と言われていた。

ボヤ騒ぎ再び。明らかに煙に巻かれて喉が不味い状態。火元は空き部屋。煙を多くの入居者が見ているが、確認しても燃えた跡はないらしい。

……また死んでる。いや、これ最近の体調では自分が死ぬのでは。四周目になるのは嫌だ。いやここだと六周目か。白い着物の女が部屋に来るようになった。まずい。

半年で体重二十キロ減。病院通いと入院が続く。稽古にも行けず。九度の熱が一週間以上続いている。食事もできない。女はまだ覗いている。

当アパートで暮らし始めて約二年半だが。諸事情により退去。

＊

年明けに川嶋さんはアパートを退去した。現在は長期入院先にてリハビリ中とのことである。なお、文中の「白い着物の女」については、稿を改めて紹介する。

白い着物の女

　そのときのことは、今後生涯忘れることはできないだろう。

　二〇一一年三月十一日十四時四十六分に、東北地方を中心とした東日本地域が大きく身を震わせた。

　それに続く津波被害、原発の電源喪失、放射能汚染による被害などは、多くの人の記憶に残り、現在まで語り継がれている。それは関東に住む川嶋さんにとっても例外ではなかった。

　彼女の住んでいた地域の震度は五強だった。生きてきた中でも最も大きな揺れだ。安普請のアパートは大きく揺さぶられた。本棚の中身は飛び出し、パソコンは倒れ、家の食器なども散乱した。その後片付けに何日も掛かった。テレビでは悲惨な光景が繰り返し映し出され、普段見たこともないような公共広告機構の広告放送が延々と流れていた。

「震災の記憶も勿論鮮明なんですが、その後に続いたことのほうが記憶に強く残っているんですよ」

　それから十年以上経っても、震災直後の色々と追い立てられるような夢を見ることがある。その殆どが、訃報が届いて、どうしよう、次は自分の家族が死ぬかもしれない——そう思って辛くなるという夢だ。

ストレスなどもあるのだろうが、川嶋さんによれば、彼女の親戚が次々に亡くなっていった時期だったからだというのだ。


関東地方の川嶋さんとその家族よりも、福島県の浜通りに住む親族が、震災で受けた混乱は筆舌に尽くし難かったという。

津波に伴う福島第一原子力発電所の事故直後から、国は避難指示を発出した。原子炉の損傷、また放射性物質の放出や拡散に伴う住民の生命や身体の危機を回避するためである。

そこに川嶋さんの本家が代々住む土地が含まれていたのだ。


「関東のほうは、地震の被害が大きくなかったんでしょう？　どうにか家族を置いてくれないかしら」

震災直後から、川嶋さんの家には、そんな内容の電話が何度も掛かってくるようになった。避難指示で、住んでいた場所に住み続けることができないので、疎開先として協力してくれというのだ。

だが、大体が祖母の伯父の家の孫一家だったりと、親族関係としてはかなり遠い。会ったこともない人を家に入れるのは不安だ。

それにも拘らず連絡が来るのは、祖母がその地に足繁く通っていたからだろう。元々彼女は福島の出身で、五歳になる前にはその土地を離れているとはいえ、数年に一度は墓参のために本家に顔を出してきた。

幸い住居には大きな被害がないとはいえ、狭いアパートに女四人で暮らしているのだ。そこに会ったこともない人たちを受け入れるのは物理的にも心理的にも難しいことだった。祖母も母も自分も病院通いをしており、心身ともに元気と言えるのは妹だけだ。残念ながら面倒を見られるような余裕はない。

相手が藁にも縋る状況で電話してきたことは百も承知だが、申し訳ないけれども受け入れられる状況ではないと、断らせてもらった。

だが、それから一週間と経たずに、同じ親戚から連絡が入った。

電話を取って福島の親戚と名乗ったが、川嶋さんには名前だけでは血縁関係がよく分からない。それを把握しているのは、家では祖母一人だ。

電話を祖母に替わった。

横でまた疎開の打診かと思いながら、祖母の対応を聞いていると、どうにも深刻そうな顔をしている。

ため息を吐いて受話器を置いた祖母に話を聞くと、葬式だという。

祖母から話を聞くと、その親戚は地震や津波で直接被害に遭った訳ではないらしい。親族の所在も全て判明しているという。不幸中の幸いだ。

だが、顔も知らないような親戚の葬儀のために、関東からまだ余震の続く東北にまで足を伸ばすことはできない。そもそもまだ東北新幹線も復旧できていないのだ。


だが、この電話を皮切りに、月に一度か二度のペースで、葬儀の案内と復旧のために支援をしてくれないかと、幾つもの親戚から連絡が入ることになった。

葬儀は福島の親戚ばかりだった。浜通りだけでなく、会津地方や中通りのそれぞれの地方にも親戚がいる。大災害で、心身ともに大きなストレスを受けていることは理解できるが、こうまで葬儀が続くものだろうか。

結局、葬儀の連絡が来るたびに、香典とお見舞金を送るくらいのことしかできなかった。

祖母は葬儀に行きたがったが、まだ復興が進んでいないことを理由に、辞退してもらった。

結局、家族は福島の親戚の葬儀には一度も出ることはできなかった。


「――これって〈祟り〉かもしれないわよねえ」

崇りとはまた穏やかではない。

そんな言葉を持ち出したのは、祖母の姪の一人の美佐江さんだった。彼女はたまたま川嶋さんの家の近くで仕事があったと、わざわざ祖母の顔を見に来てくれたのだ。

今は十一月で、三月の震災から八カ月が経っている。

一度も行けていないが、仏壇に積み上がった葬儀の案内は、九件に達していた。

震災以来、葬儀が続いているのは親族であれば皆気にしている。最近では福島県だけでなく、他の地域の親戚でもバタバタと人が亡くなっている。

八カ月でこの人数が鬼籍に入っているのは異常だろう。そう親族の誰もが感じていた。

「そんな――〈崇り〉って、誰のですか?」

「福島の本家にある、あのお墓に決まってるでしょ。恵ちゃんも、白い着物の女の話は聞いたことあるわよね」

美佐江さんは、先日行われた新潟での葬儀に参加した際に、他の親戚から奇妙な噂話を聞かされたのだという。

物故者達には、白い着物姿の女を見てから亡くなっているという共通点があるという話だった。

その女はもうすぐ死ぬという者の前に姿を現すのだという。

「福島の宏さんところも白い着物の女が出たって言ってたし、長野の伯父さんのところでも、新潟の三ちゃんのところでも出たっていうのよ」

美佐江さんは自分の言い出した〈祟り〉という言葉に怯えるように続けた。

宏さんのところでは、病室で原因不明の熱で苦しんでいるときに、白い着物の女が横に立っていたという。

車で轢かれて亡くなった長野の伯父さんは、家を出るときに室内でその姿を見たらしい。三ちゃんは美佐江さんの実兄だ。じっと部屋の隅を見つめ、不思議そうに着物の女の人がいると言った直後に倒れて亡くなったという。

「私、その話を全然信じていなかったのよ。でもね、私の旦那も白い着物を着た女が立っていたって言ってたのよね。白い着物を着た女が、ごめんなさい、ごめんなさいって、何度も謝っていた気がするって――」

美佐江さんの連れ合いも、先日葬式を上げた。まだ四十九日が明けたばかりなのだ。

白い着物を着た女が、死の間際に現れる。それが代々の言い伝えだということは、川嶋さんも以前から祖母に聴いていた。

その話は江戸時代にまで遡るという。

——敷地の畑の間にある二つの墓には触れないようにし、大切に祀って暮らすように。

そのように言い伝えられており、本家の人々はそれを守り、また伝えてきた。もし、それを違えれば、一族に不幸があるとも言われてきたからである。

畑と畑の間には、少し高台となった二つの墓の並ぶ土地があり、墓碑が二つ並んでいる。そこまでは本家の敷地からまっすぐに道が通じている。

本家の敷地よりは狭いが、高台は庭付きの一軒家が建てられる程度には面積がある。

誰の墓かは名前も書かれていないし、伝承も失われてしまっていて分からない。なお、代々の墓は別の場所にちゃんと存在しているため、恐らく当時の藩主の関連ではないかと言われているらしい。

また、伝承に反して、何度か墓を移転させようとしたという記録があるという。

先祖は大地主であったこともあり、墓を移転した後で、その高台の土地も開拓し、畑を広げて収穫量を増やしたいという思惑があったようだ。

ただ、墓を移動しようとした先祖は毎回祟りに遭って、それを断念しているという。

そのような由来があるので、現在は墓には必要以上に近付かず、周りは開墾されずにいる。年に二度住職を呼んでお経を上げる等のお祀りはしているものの、あとは夏前に高台の草刈りをするくらいだ。

「そういえば、御先祖様が雷に打たれた話があったわねぇ――」

祖母が思い出したように語った先祖の話が、川嶋さんには印象的だった。

その高台は、屋敷からまっすぐ見える位置にあるだけに、先祖の一人――当時の当主の弥右衛門は、常々邪魔だと考えていたらしい。

彼は家族に墓の話をした。

「俺はあの墓を移動させようと思う。祟りなど言い伝えでしかない」

そんなことを言い出した弥右衛門の父母はそれを諌《いさ》めようとした。だが、当主の力が絶大だった時代のことだ。一族に不幸が起きるという伝承を恐れ、妻も子供達も反対しようとしたが、当主の言うことは絶対である。

皆が反対しようが、結局強行されてしまうのは明らかだった。

弥右衛門が墓の移動を言い出した翌朝、子供二人が夢を見たと弥右衛門に告げた。

「お父様、白い着物の女の人が夢に出て参りました。大変怒ってらっしゃいました」

その言葉に、弥右衛門は下らないことだと返した。

お前らは祟りを恐れて、一族の死に際に見るという、白い着物の女を夢に見たのだ。臆病者めと、子供達を叱りつけもした。

ただ、夢を見たのは子供達だけではなかった。

「お願いだから、あの墓を移転するのはやめてくださいませ。私の夢にも、白い着物の女が出て参りました」

翌日は、妻が真っ青な顔で訴え出た。

だが、それは弥右衛門の機嫌を悪くするだけだった。子供の言葉を聞きつけて、俺のことを邪魔しようという魂胆だろう。

そう怒鳴りつけ、墓の移転をするために人足を集める準備を進めた。

「夢で白い着物の女がやめろと訴えてきた」

父母だけでなく、親戚までも白い着物の女の夢を見たと伝えてきた。

だが、弥右衛門自身の夢には、白い着物の女は現れない。

祟りなど恐れていられるか。

そう思った矢先に、弥右衛門自身が夢を見た。

白い着物を着て髪を垂らした無表情な女が、無言でこちらを睨んできていた。

夢とは思えない程の迫力に、布団を跳ね上げて起き上がった。

だが、部屋には誰もいない。ただただ血の気の引くような恐怖だけが残った。

しかし、こんな夢を見た程度で、墓の移転を諦める訳にはいかない。あとは人手を集める日取りや、移転する場所など手配を詰めていけば良い。移転後に土地を畑として使う家の選定も内々に済んでいる。ここで諦めては、一帯の地主として全く示しが付かないではないか。

勿論何かあったら問題だ。気が重いのも確かだ。だが、あの場所から墓を移せば、畑を広げることができるし、地域全体の生活が楽になるはずなのだ。

勿論メンツだってある。

だが、弥右衛門が夢を見た数日後、子供の一人が病で呆気なく死んだ。

周りは祟りだと噂し、白い着物の女の夢を見たという人の数も増えた。

ある日、意固地になった弥右衛門は墓へと向かったという。

墓を壊してやろうとしたのか、素手でどうするつもりだったのか。伝承にそこは書かれていない。

だが、墓へ向かう途中で、弥右衛門は突然の雷に打たれた。雲ひとつない青空だった。

一瞬の出来事だった。

全身を炎が包み、当主だったものは黒焦げの遺体と化した。

この事件以来、あの墓には触れてはいけないと、一族はより強く言い伝えるようになった――。


その白い着物の女の話については、もっと近年になってからも祖母に伝えられていることがある。

戦後すぐのことだという。祖母が寝ていると、不意に目が覚めた。

障子越しの隣の部屋に人の気配がする。誰だと訊くと、硫黄島で亡くなった弟だという。

「あなた、もう戦争は終わったのよ。亡くなったと聞いたけどどうしたの」

すると、弟は、白い着物を着た女に導かれて、ここまで来たのだと告げた。

無事に過ごしている家族の姿を見たいと願ったら、連れてきてくれた。これで思い残すことはないと告げて、気配が消えたのだという。

祖母が言うには、同じことはもう一度起きているらしい。

大陸で行方不明になっていたもう一人の弟も、白い着物を着た女に導かれて、祖母の枕元に現れたという。俺はシベリアで死んだが、姉さんのところまで来られて嬉しかったと伝えてきたらしい。

だが、これらの話を思い出しても、白い着物の女が謝るような言葉を発するという話は思い当たらなかった。女は黙ったまま一族の元に現れ、その命を奪っていくものだと、川嶋さんは思い込んでいた。

やっぱり、あの白い着物の女がそうだったんだ――。

ぞわりとした。

川嶋さんはその姿をかつて見たことがある。祖母が倒れたときに、一度姿を見ているのだ。自分だけではない。親族ではない看護師にも目撃されている。

震災が起きるよりもずっと前。もう七年ほど前に遡るだろうか。突然、祖母が墓参りに行きたいと言い出したことがあった。

当時はまだ祖母も介助なく歩くことができたし、記憶もしっかりしていた。いつも通り観光気分なのか里帰り気分なのか、一人で福島の浜通りに向かったのだ。

祖母の目的は、例の二つの墓ではなく、一族の墓に参ることだった。その墓の正確な場所は、川嶋さんも母親も知らない。恐らく祖母も朧《おぼろ》げな記憶しか持っていないはずだ。

そのように本家に連絡をすると、伯父が駅まで迎えに行って車で案内するし、現地での世話もしてくれるというので、安心して送り出した。

実際、現地では特に不自由なく過ごせたらしい。祖母も伯父に大変感謝していた。

だが、祖母は関東に戻ってきた当日の夜に、脳梗塞で死に掛けたのだ。

川嶋さんは、祖母が入院した夜に、白い着物の女と玄関で出くわした。

救急車に付き添いで乗っていった母親から、病院の名前がメールで届いたので、タクシーで後を追うつもりだったのだ。

荷物を抱えてドアを開けると、白い着物の女が佇んでいた。

余りに唐突だったこともあり、頭が真っ白になって、どうしていいか分からなかった。

怖さよりも、驚きのほうが先に立ったのだ。

生きている人と同じように立体感のある彼女は、歳のほど二十代後半に見えた。白い着物を纏った姿で、こちらのことをじっと見つめている。

祖母から聞いた話から、勝手に白帷子《かたびら》だとばかり思っていたが、そうではなく、普通の着物で色が白。つまり結婚式で着るような白無垢姿だった。

女性の髪型は、結い上げてはおらず、腰までの髪を背中の中央で纏めていた。

そこで川嶋さんは、自分が何者と対峙しているかを、ようやく認識したのだ。

——白い着物の女が、お祖母ちゃんを連れに来たんだ！

そのとき、誰も触れていないドアが、キィと音を立てて勝手に閉まった。もう恐ろしさにドアノブに触れることができない。気付くと指先が震えていた。

川嶋さんは、その手を合わせ、ドアに向かって、覚えている般若心経《はんにゃしんぎょう》を一心に唱えた。

祖母の命を助けてくださいと願った。連れていかないでくださいとも繰り返した。

ドアの向こうからは何の返事もない。

人の気配もない。

十分以上も経った頃に、そっとドアを開けた。もう誰もいなかった。

——手遅れかもしれない。

そう思って、急いで病院に向かった。

白い着物の女は、病室にも現れて看護師にも目撃されていた。

枕元に佇んでいたのを見つけた看護師が近付いていくと、衣擦れの音一つ立てずに、姿を消してしまったという。

だが、川嶋さんの祈りが通じたのか、何か他の原因があったのかは分からないが、幸いなことに祖母は命拾いした。

だが後に聞いた話だが、車で運転して本家の墓地まで連れてってくれた伯父も、同じ日に脳梗塞を起こして病院に運ばれていた。

こちらは暫くして亡くなったとのことだったが、まだ祖母が入院中だったので、葬儀には母一人が参列した。

そんなことを思い出していると、美佐江さんが声を潜めて言った。

「今、あの二つのお墓、誰もお世話できていないでしょう？　ほら、本家の場所って避難指示が出されちゃって、全員疎開しちゃったじゃない。そのせいで祟られたって、あたし達にはどうしようもないし、恨んでも恨みきれないけど——そうとでも思わないと、やってられないのよ」

この夏に彼女は夫を亡くしているのだ。実兄も亡くしている。しかも白い着物の女が出たと、二人から告げられている。

白い着物の女と身内の死に因果関係を見出すなと言っても、それは無理というものだ。お墓の世話をすることができなくて、結果的に白い着物の女が、一族を根絶やしに掛かっているということなのだろうか。

それにしても、何で謝っているのだろう。

「——そういえばカヨちゃんがお墓の世話をしてくれてるんじゃなかったっけ？」

母が横から口を挟んだ。カヨちゃんとは佳代子といって、祖母の末妹だ。川嶋さんからすれば大叔母に当たる。

癖が強い人物だが、確かに本家以外で福島に家を持っているのは、彼女くらいかもしれない。

「大叔母さんはお墓の世話をしていたのとは違うと思うけど——」

「あら、あの子が福島に家を建てたのは、そのためじゃなかったの？」

祖母の理解では、佳代子大叔母は、老後は福島に住むつもりで広い家を建てたということになっている。

伯母は独り身で還暦が近いが、事業をしている。彼女はあるとき、祖母に会いに来て、福島に家を買ったのだと突然報告したのだ。

川嶋さんは、気まぐれな大叔母のことだから、きっと一時の思いつきで家を買ったのだろうと考えていた。

「連絡して訊いてみようか？」

母親が言ったが、その場の誰も賛同しなかった。

繰り返すが、大叔母は癖が強いのだ。

「あの地域に家を建てたんだったら、避難指示で立ち入りもできないでしょ」

その通りだ。後に聞いた話では、彼女はせっかく建てたその家には住んでおらず、電力会社に貸し出していたらしい。それも今は廃墟のようになっているようだった。

美佐江さんが家に来てから、祖母は何度も故郷に行きたいと漏らした。だが彼女は高齢であり、通院もしている。何より彼女が見たがっている田舎の景色は、現時点で立ち入りが禁止されてしまっているのだ。

川嶋さんは思い返す。

本家にある墓は二つだ。一つの墓には白い着物の女が入っているとして、もう一つの墓には一体誰が入っているのだろう。そして、誰が入っているかという話が伝えられていないのは、不自然な気がした。

白無垢は婚礼のための着物かもしれない。

そうなるともう片方の墓には、夫となる人が入っているのだろうか。

何処まで行っても推測だ。

それより、何故彼女は謝っているのだろう。

そちらのほうが、ずっと引っ掛かっている。

二〇一二年三月。震災から一年が経過した。

川嶋さんの親戚における葬儀回数は、総計十三回に達していた。

十数年連絡が取れていなかった人も、訃報はくるものなのだと思った。

この一年は、葬式の回数を数えることしかしていない気がする。

年寄りが亡くなるならまだ納得できる。

だが、先々月亡くなった子は、まだ十代だ。

学校帰りに、白い着物の女の人がこっちを見ていたと報告をしたその夜に、体調が急変して救急車で搬送された。

だが、そのときには手の施しようがなかったらしい。

容赦もないし、予想もできない。

今年になって妹は就職して家を出た。母親は調子が悪いと言っている。祖母も体調は思わしくないようだ。自分もあまり体調が良いほうではない。

——次はうちかもしれない。

白い着物の女には、一度狙われているのだ。二度目がいつ来るかなんて、誰にも分からない。二人三人一気に命を取られることだって、ないとは断言できないのだ。

そういえば先月は訃報が入ってきていないなと、川嶋さんは思い出した。

震災から一年近く経って、何か潮目が変わったのか、それとも祟りが終わったのかと、少し期待する。もし、祟りが終わったのなら、家族の心配をする必要もなくなる。

だが三月の終わりに、再度葬儀の知らせが入った。九州の親戚からだった。急な病気で倒れて亡くなったという。

その知らせだけでは、親戚の許に白い着物の女が出たかどうかは分からない。分からないが——川嶋さんは、まだ終わっていなかったのか、と酷く怖くなった。

四月末の連休に、美佐江さんが再び祖母の許を訪れてくれた。

大安の日曜日で同僚の結婚式があったとかで、関東まで出てきたとのことだった。

美佐江さんの明るいキャラクターには救われるところがある。

そのときに、二月の間は親族の葬儀がなかったという話が出た。

「今年の二月って、葬式がなかったじゃない。あの理由が分かったのよ」

もう最近では親戚が顔を合わせると、葬式の話ばかりだ。

次は誰が死ぬのだろうかと、皆不安で仕方がないのだ。

「え。理由があったんですか？」

驚いて問うと、意外な理由が返ってきた。

「――ブラジルに嫁いだ親類が亡くなったって潤ちゃんが言ってたわ。しかも亡くなるときに、白い着物姿の女を見たって言ってたらしいの。普段着物姿の日本人が訪ねてくるなんてことはないから、誰か親類がわざわざブラジルまで会いに来たのかって、不思議に思ってたらしいのね」

潤ちゃんが誰か、川嶋さんにはよく分からなかったが、上の世代の親戚の一人だろう。

「それで、潤ちゃんに確認も兼ねて知らせてくれたみたい。本家の連中には住所も知らせていないし、白い着物の女が南半球にまで行くなんて、あり得ないとは思っていたみたいなんだけど――現実は甘くないってことよね」

その言葉に、逃げ道は何処にもないのだと思い知らされたという。

川嶋さんの祖母が亡くなったのは、美佐江さんが訪問してから三週間後だった。

二〇一二年五月のことだ。

白い着物の女が来てから、身体の調子が悪い――。

そう言った後に、椅子に座ったまま意識を失ったので、救急車で搬送された。

その後、彼女は病院で意識を失ったまま亡くなった。

念の為に看護師に白い着物の女が現れたかどうかを確認したが、看護師は見ていないとの返答だった。

享年九十六歳。

これで十六人亡くなったことになる。ただ、祖母が死の間際までに、白い着物の女を見たかは分からない。


白い着物の女の目撃例も、川嶋さんの祖母の死で止まっている。理由は不明だ。

祖母の許に白い着物の女が現れたのが二度目だったからなのか、それとも何か他の因果があるのか。

一族はまだ残っているので、根絶やしということなら、死が続いていてもおかしくはない。川嶋さんのところに現れる可能性だってあるが、訪れていない。妹のところにもまだ来ていない。母はどうだろう。佳代子伯母のところにもまだ現れていないらしい。

共通点は何なのだろう。では白い着物の女は誰で、何故謝っていたのか。

まるで分からない。

家族が全滅したという話も聞かない。必ず一人か二人残している。

遺された者が故人を弔えとでもいうのだろうか。

本家の方々が今どうしているのかも不明だという。連絡を取っていた祖母が亡くなり、今まで連絡のあった親戚の元に訃報を出したが、殆どが返ってきてしまった。

意外だったのは、美佐江さんの所に送った訃報も戻ってきてしまったことだ。

実は、訃報が来ないから分からないだけで、川嶋さんの知らないところで、〈祟り〉が続いている可能性だってある。

その後十年以上が経ち、徐々に避難指示が解除され、帰還困難区域以外では、故郷に戻ることも可能となった。

しかし、現在、本家のあたりはどうなっているのかについては、川嶋さんには全く分からないのだという。

「もしかしたら、お葬式が止まったのは、本家筋ではない人たちが帰還して、墓守りに戻ったからなのかもしれません。ただ、今は本家の方々にも連絡が取れないんですよ。大叔母は連絡を取っていたみたいなので、五年くらい前までは、本家に近い人も一人二人は残っていたようですが――」

川嶋さん自身が福島に直接足を運んで、墓を確認することも考えた。しかし、もし〈祟り〉が継続していたらと思うと、二の足を踏む。

下手に近付いたら、即死だってあり得ると彼女は恐れている。

一年と三カ月で十六人の親族が亡くなっているのだ。怖がるのは自然なことだろう。

「本家の人に連絡を取れれば一番いいのですが、あれから時間も経っちゃいましたしね。私も母も本当に縁がなくて。年齢的に言えば、もう本家の方々はお迎えが来ている感じですし――」

このまま終わったことになっているのなら、それがいい。あえて藪を突くことはしなくてもいいのではないか。

今、川嶋さんはそう考えている。

あとがき

皆様どうもお疲れ様です。御無沙汰しております、又は初めまして。著者の神沼三平太です。『怪奇異聞帖　地獄ねぐら』を最後までお読みいただき、ありがとうございました。

本来であれば、本書は『実話怪談　瑕疵蒐』として〈蒐〉シリーズ第三弾となる予定だったのですが、諸事情により。タイトルが変更になりました。ただ、基本コンセプトは変わらず、今回も〈長い話〉を収録しております。

特に最後から二番目の話は、このような書き方の怪談は珍しいように思います。語りでもできない文章のみで成立する怪談のスタイルとして、楽しんでいただけましたら幸いです。

＊

さて、執筆も佳境となる年末にほど近い頃に、以下のような話が著者の元に入ってきました。どうしても皆様に早めにお伝えしたいこともあり、この後書きにボーナストラックとして、「三周目の事故物件」と同スタイルで掲載しておきたいと思います。

東北に住む浦戸さんの家では、自宅の裏山を所有している。

その裏山に住む神様が、大晦日の夜に真の姿で山を徘徊するので、絶対に入ってはいけないという話は、以前拙著（『実話怪談　毒気草』二〇二〇年　竹書房）に書いた通りだ。また、この神様は大晦日以外にも山の中を徘徊しており、それを目撃すると目を取られる、という話も紹介している（『妖怪談　現代実話異録』二〇二三年　竹書房）。

以下は、既に亡くなっている浦戸さんの実父が、西暦一九四六年に書き残した日記を写した写真から、浦戸さんの許可を得て転載したものである。

浦戸さんの父は、名を賢治、一九三三年一月十九日生まれ。中学校を卒業後、すぐに国鉄に勤めたという。

この日記は、彼が十三歳の夏に書いたものになる。

八月九日
親父が疱瘡《ほうそう》になった。顔から膿《うみ》が出続けている。国鉄からも仕事を切られそうになってる。明子（妹）にも移ったのか死んでしまいそうだ。このままじゃ親父と明子が死んでしまう。お袋は何とか食いつないでいるが、貯蓄がそんなにあるとは思えない。
俺は山に行く。

八月十日

山に行った。ビワがなっていたのでそれを取りに行った。これで少しは食べられるものが増えるだろう。山で変なものにあった。

犬のような生き物だが目が一つしかない。足が五本あった。

俺はそれを見たとき、時間が止まったかと思った。食われる。そう思った。

犬のような生き物はこちらを五分と見ていたが、俺は怖くなってビワが入った風呂敷を抱えて山を下りた。

あれが目を取るという神様だろうか。

俺は祟らないでください。祟らないでくださいとしか思うことができなかった。

ビワが入った風呂敷には、あれほど貯めたビワが一つ残らずなくなっていた。

八月十一日

夢を見た。俺は山の中にいて呆然と立っていた。横に気配を覚えた。真横に溶けてのっぺりとした顔の女が立っていた。

ゆるす ゆるすよ

そう言っていた。俺は夢の中で気絶した。

八月●日（日付不明。読み取れない）

明子と親父の様子が良くなった。お袋も喜んでいる。

だけど山であった生き物と、夢の中の女は何だったのだろうか。あの女を思い出すと鳥肌が立つ。

あの溶けた顔と生き物は神様だったんだろうか。

考えないほうがいい。きっと良くないことが起きる。


（日記はここで破られており、後半部分は現存していないとのことである）


これを見た明子さんは、とても渋い顔をした。

明子さんは、父親の妹であり、日記に登場する明子さんと同一人物だ。浦戸さんから見れば、彼女は叔母に当たる。

「古い話だ。忘れなさい。この日記は、こちらで破って燃しておくから」

彼女はそう言って、日記帳を持っていってしまった。

その後、日記帳は、菩提寺に持っていかれた後で、すぐに護摩で焚かれたという。

住職曰く、大変縁起が悪いものらしい。

過去の怪談の報告の続きとして、ここに掲載する。

＊

二〇二四年一月一日、午後四時十分に石川県能登半島沖で巨大な地震が発生した。マグニチュード七・六。最大震度七。本稿を書いている時点では、まだ災害の被害の全貌すら明らかになっていない。被災した方々を思うと心が苦しくなる。

本書には東日本大震災に関わる話が掲載されている。自粛すべきかどうか最後まで悩んだが、今回は日常を維持するために、そのまま掲載することを選んだ。十三年前に『恐怖箱　臨怪』の後書きに書いた思いは、今も変わっていない。せめてそちらを再掲する。

『今年の春、日本を大きな災害が襲いました。その中で家族を失った方も大勢いらっしゃいます。その傷は長い間癒えることはないでしょう。今後の人生にずっと影を落としていくはずです。

そのようにして、愛する人、親しい人から残された人々の中には、怪異体験を通して、亡くした家族の姿を見る人もいます。この世に既にいない者達の残す、その微かな徴《しるし》を心の頼みにして、死者と繋がり、絆《きずな》を振り返る切っ掛けとしているようなのです。怪異が起きても、その人たちにとっては、ちょっと不思議な経験ではあっても、忌避すべき恐ろしい話として捉えている様子はありませんでした。

そのような怪異体験は、鎮魂や祈りに通じるものとしての意味を持っているのだなと、それぞれの家族についての怪異体験報告を記しながら、改めて気付かされたのでした。

今後もこのタイプの話も集めていきたいと思っています。せめて残された人達の慰めになりますように』

それでは謝辞を。まずは何より体験談を預けてくださった体験者の皆様。取材に協力してくださった皆様。編集の加藤さん。いつも生温かく見守ってくれる家族。そして本書をお手に取っていただいた読者の方々に最大級の感謝を。皆様くれぐれも御自愛ください。

それではお互い命がありましたら、また何処かで。

二〇二四年一月十五日　　　　神沼三平太

怪奇異聞帖 地獄ねぐら

2024 年 3 月 7 日　初版第一刷発行

著者……神沼三平太
カバーデザイン……橋元浩明（sowhat.Inc）

発行所……株式会社 竹書房
〒 102-0075　東京都千代田区三番町 8-1　三番町東急ビル 6F
email: info@takeshobo.co.jp
https://www.takeshobo.co.jp
印刷・製本……中央精版印刷株式会社